JN083424

力道山死後の1964年3月、悲願のアメリカ遠征が実現。経由地のハワイ・ワイキキビーチで少年を肩に乗せる猪木。2年の武者修行を経て、このハワイの地で豊登の勧誘に応じ、日本プロレスを飛び出して新団体「東京プロレス」に移籍することを決めた（太平洋上の略奪事件）

豊登主導の東京プロレスには社長兼エースとして参加。写真は1966年10月10日の発会式&レセプション

東京プロレスでは未知の強豪、ジョニー・バレンタインとド迫力の抗争を繰り広げた。写真は1966年11・22大田区体育館で勝利しUSヘビー級王座を初防衛

（右）東京プロレスの内紛・崩壊後、日本プロレスに復帰した猪木はジャイアント馬場との「BIコンビ」で国民的人気を得た。写真はインターナショナルタッグ王者時代の雄姿　（左）復帰した日本プロレスでは馬場と並ぶ2大エースにのぼりつめた。写真は日プロ初のタッグリーグ「第1回NWAタッグリーグ戦」公式戦（1970年9・28三重・四日市市体育館）。星野勘太郎とのコンビでニック・ボックウィンクル&ジョニー・クインと対戦。

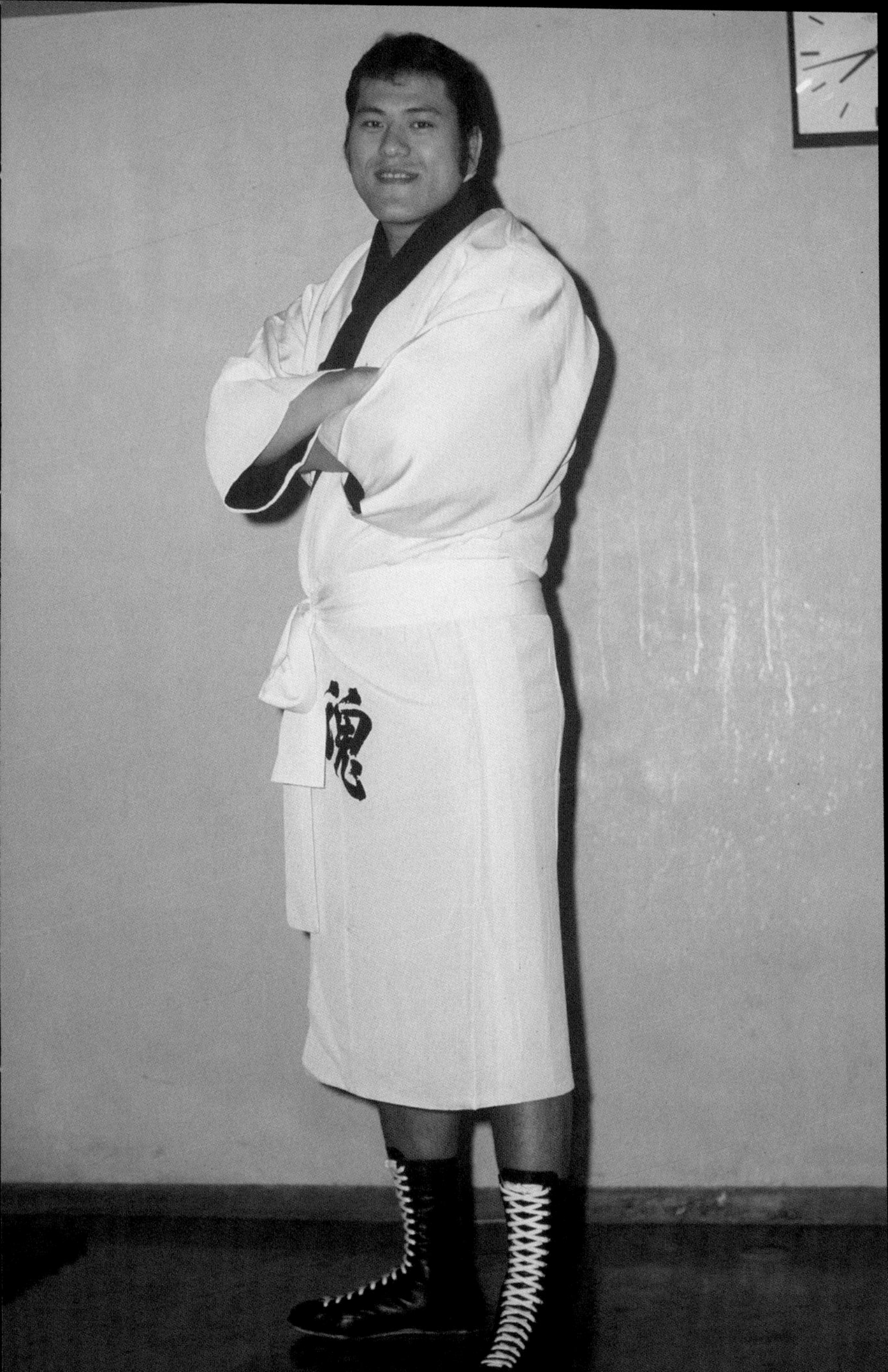

（右）クーデターの首謀者と目され日本プロレスを追放された猪木は新日本プロレスを旗揚げ。写真は1972年3・6大田区体育館（旗揚げ戦）、新調した「闘魂」ガウンでカール・ゴッチ戦に備える猪木　（左）“燃える闘魂”猪木は過激なプロレスで新日本を人気団体に押し上げた。写真は1973年7・6後楽園ホール、木戸修と組んでシーン・リーガン&デニス・ホールと対戦

新日本黎明期、師匠カール・ゴッチとストロングスタイルの攻防を繰り広げた。写真は1973年10・14蔵前国技館、猪木&坂口征二 vsルー・テーズ&ゴッチ

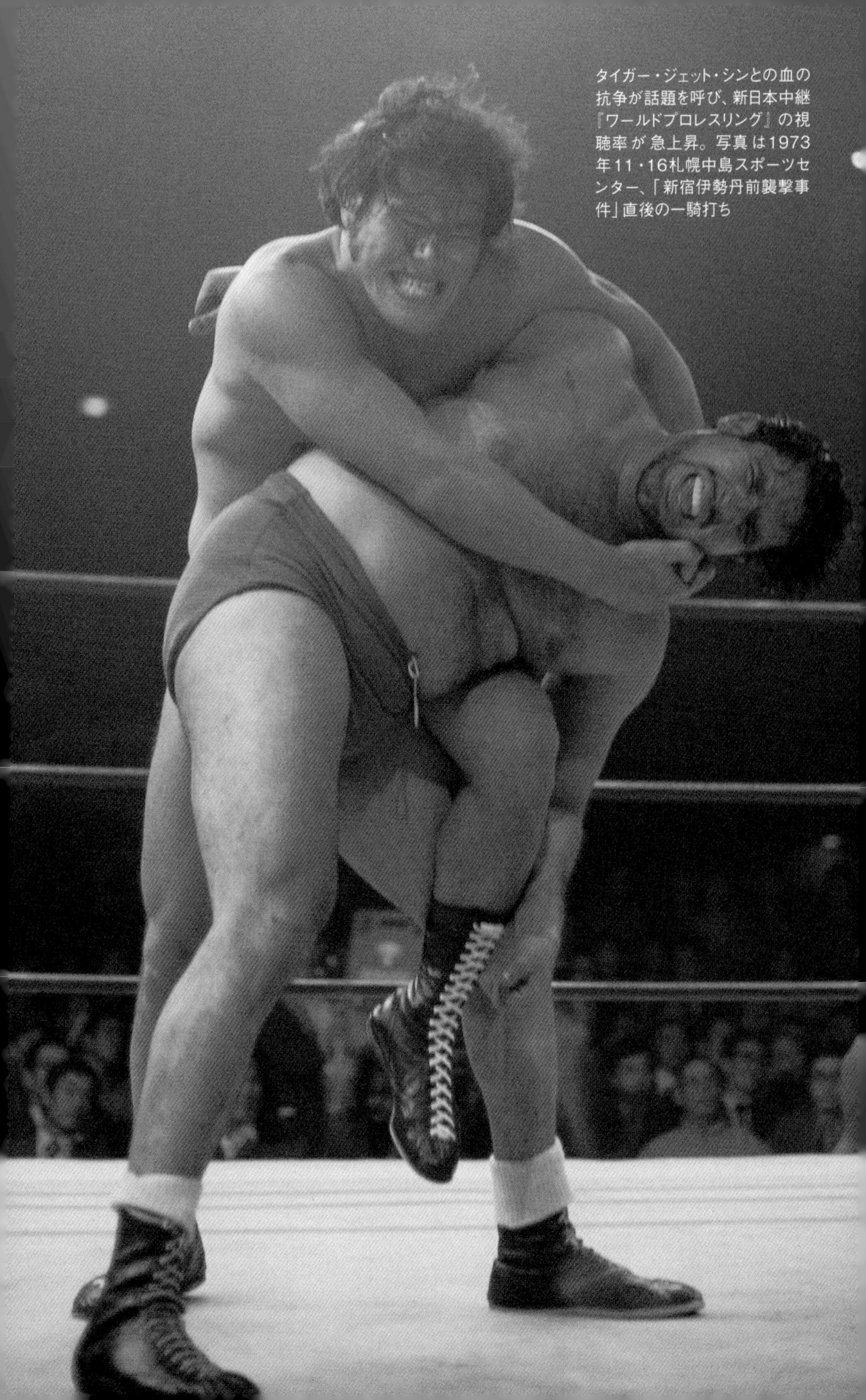

タイガー・ジェット・シンとの血の抗争が話題を呼び、新日本中継『ワールドプロレスリング』の視聴率が急上昇。写真は1973年11・16札幌中島スポーツセンター、「新宿伊勢丹前襲撃事件」直後の一騎打ち

アンドレ・ザ・ジャイアントを気迫のこもったキーロックで攻め立てる（1976年10・7蔵前国技館）

〝キラー猪木〟と化して柔道王ウイリエム・ルスカの顔面にヒジ攻撃（1976年12・9蔵前国技館）

ジョニー・パワーズに渾身のコブラツイスト（1977年3・31蔵前国技館）

殺気に満ちたプロレスは猪木の
真骨頂（写真は1970年代後半）

帽子をかぶって船長気分の猪木
(1968年2月21日、日本プロレス・南房総白浜合宿での一枚)

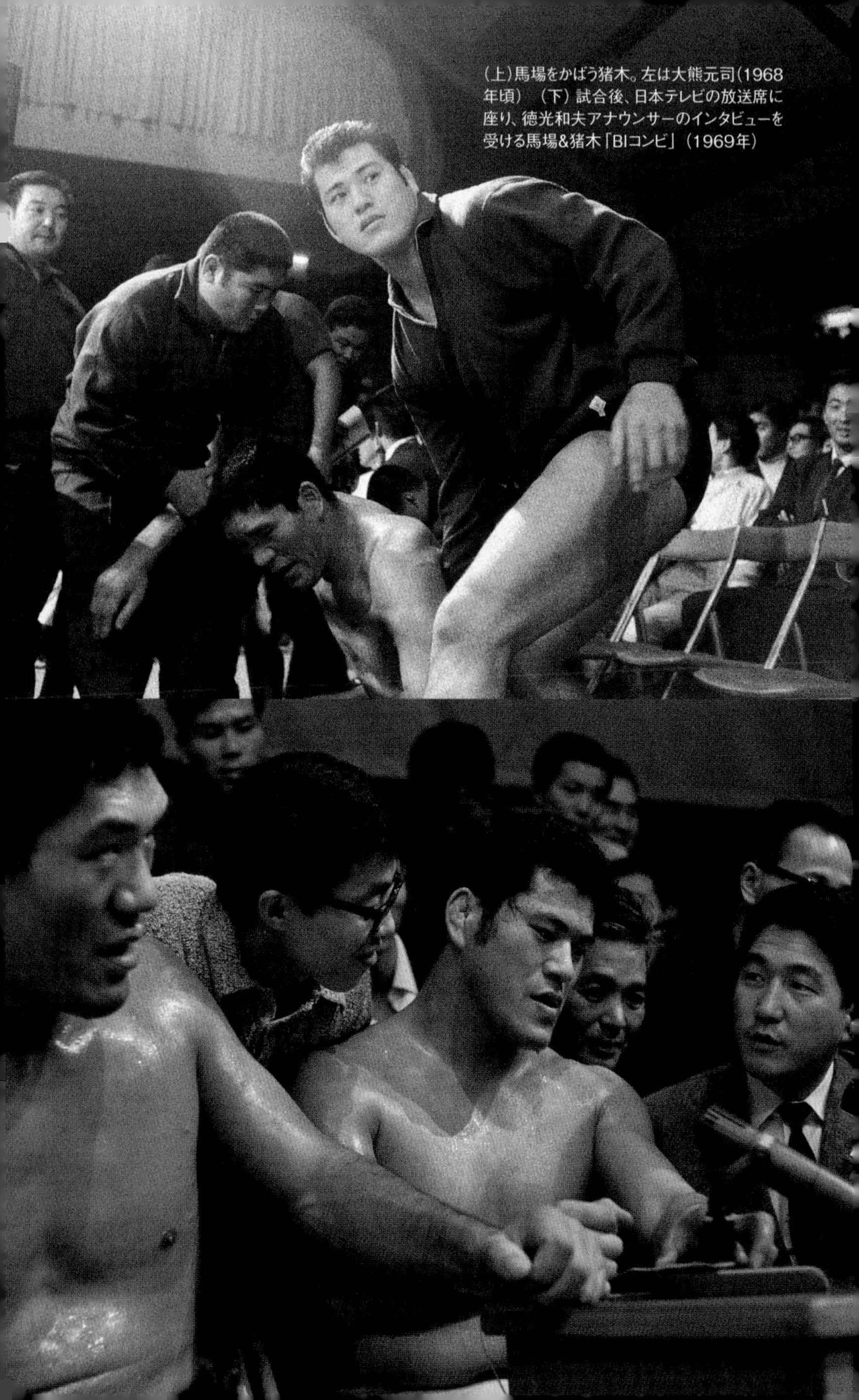

（上）馬場をかばう猪木。左は大熊元司（1968年頃）（下）試合後、日本テレビの放送席に座り、徳光和夫アナウンサーのインタビューを受ける馬場&猪木「BIコンビ」（1969年）

新日本旗揚げの年末（1972年12月）、明るい未来を信じて仲間たちと箱根で合宿

1980年代初頭、初代タイガーマスク（佐山サトル）、若手の前田日明と巡業先で食事

新日本時代、博多巡業時のスナップ

新日本時代、宿泊先でのスナップ。
リング外でも絵になる

超マニアックな視点でたどる
アントニオ猪木物語

猪木戦記

第0巻 立志編

プロレス評論家
流智美 著

猪木戦記　第0巻　立志編　もくじ

編集　本多 誠（元『週刊プロレス』編集長）
デザイン　間野 成（株式会社間野デザイン）
Special thanks to Dan Westbrook

1960年（昭和35年）

「ピーナッツ」が取り持った力道山との縁

入門は猪木が先か？　馬場が先か？

2022年10月1日にアントニオ猪木が逝去してから2カ月程経過した頃、ブラジル・サンパウロの現地新聞に掲載されていた1960年4月、猪木少年（当時17歳）のスカウト記事がいくつもアップされていた。ブラジル在住の元・新聞記者の方が、わざわざ地元の図書館に足を運んで丹念にスキャンしてくれたものだったが、「こんな貴重な資料が、今頃になって公表されるのか！」という驚きと共に、一言一句漏らすまいと徹底的に目を通した。その文章の中に「猪木完至（かんじ）君（当時は寛至ではなく、完至という表記）は力道山に同行し、4月4日午後4時、サンパウロのコントリウス空港を出発するパン・アメリカン航空機で日本に向かった」とあったのが妙に気になった。「あれ？　確か猪木の引退興行（1998年4月4日＝土曜日）も夕方に始まったんじゃなかったかな

プロレス入門前のブラジル
移民時代。右端が猪木

あ」と思って当時の雑誌を確認したら、この日の大会開始時間も4時だった。土曜日の興行だから4時開始は不思議ではなく、単なる偶然に違いないとはいえ、38年の長きに及んだプロレスラー人生のスタートとラストが「4月4日4時」だったことに運命的、神がかり的なオーラを感じた。

猪木が14歳を目前にして中学を中退し、一家と共に横浜の大桟橋埠頭から客船「さんとす丸」に乗ってブラジルに渡ったのは１９５７年2月だったから、サンパウロの青果市場で力道山にスカウトされたのは3年後ということになる。一家は当初、サンパウロの南西のリンスにあるコーヒー園で働き、1年後にマリーリアへ移動して綿の栽培に注力したが、そのあとに始めた落花生栽培が本格的に成功したために「まとまった金」が稼げて、一家でサンパウロの中心部に移動できたそうだ。時期的には１９５９年の暮れあたりで、当時サンパウロの日系人社会で定期的に開催されていた陸上競技大会の砲丸投げ(及び槍投げ部門)で驚異的な記録を出し、優勝した猪木少年が頻繁に新聞に掲載されるようになったのも、そのあたりだった。

青果市場を営んでいた児玉満社長(現地の力道山後援者)が力道山に対して、「ウチの市場に、素晴らしい体をした青年が働いているんだが、一度会ってみないか?」と持ち掛けたそうだが、即座に面談の運びとなって、力道山が「おい、裸になってみろ」と命じて上半身、特に背中をチェックしたあとに速攻で「よし、預かる」となったというから、さぞかし児玉社長も驚いたに違いない。力道山のブラジル遠征（3月8日から4月3日までの期間に17試合）は終盤に差し掛かった頃であり、最終戦がサンパウロだったことで面談のタイミング的にもドンピシャ。後年、猪木自身が「落花生が当たってなかったら、お金が稼げていなかった。サンパウロに引っ越してくるには、結構な額の金

第二の故郷ブラジルで力道山にスカウトされた猪木は4月10日、力道山、長沢日一（左端）と共に帰国

が必要でしたから」と語っていたので、力道山との遭遇には「落花生（ピーナッツ）」がキーワードとなる。「ピーナッツ」という英単語は、食べ物のピーナッツ以外に、アメリカ人が会話の中で「つまらないモノ」、「はした金」、「たいしたことがない事」というニュアンスでよく使うが、サンパウロの猪木一家にとっては「真逆の意味」を持つ最高の「ラッキー・ワード」だったわけだ。

力道山と猪木、長沢日一（＝秀幸、力道山の遠征に同行。サンパウロの市場から猪木を連れ、力道山のいるホテルに同行した人物）を乗せたハワイ行きパンナム機は6日に着陸（給油のため）。ホノルルで3泊した後、4月10日に別の機材で羽田空港に到着し、力道山は空港内で短時間の記者会見を行った。「ここにいるのは、ブラジルでスカウトした猪木。17歳で、１９０センチ以上ある。陸上競技でブラジルのチャンピオンにもなったんだ」と、ごく簡単な紹介。15

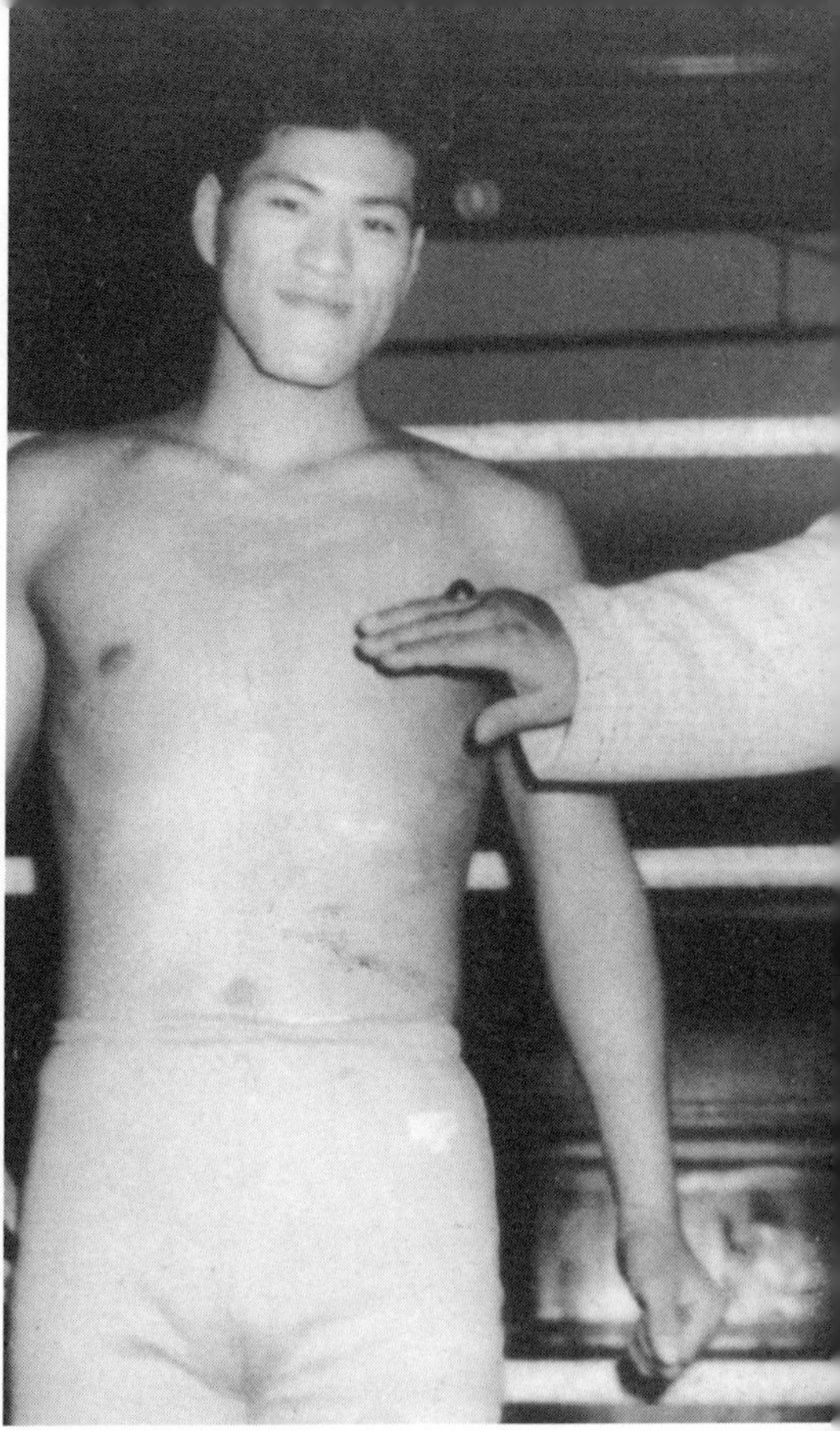

帰国するや否や、猪木は力道山邸に住み込みとなり、師匠との同居生活が始まった（写真は4月11日、プロレス・センターでマスコミにお披露目）

日から「第2回ワールドリーグ戦」が開幕するタイミングでもあり、駆け付けた報道陣に対しては「すまんが、明日また（日本橋浪花町の）道場に来てくれ。巨人軍にいた馬場も来る。そのときに色々話す」と切り上げて、そのまま大田区梅田町（現在の南馬込）の自宅に急いだ。猪木に特別な宿舎が用意されるはずもなく、その夜から力道山邸に「住み込み」の生活が始まった。

これは翌1961年3月、赤坂に若手選手用の合宿所が完成するまで約1年弱続いたが、3年ぶりに日本に戻ってきた猪木にとって、「いきなり師匠と同居」というのは全く想像できぬ環境激変だったと思われる。

4月11日、道場では馬場正平（しょうへい）（当時22歳。のちのジャイアント馬場）と猪木完至の二人が並んで姿を現し、力道山から報道陣に紹介された。この同時紹介を以て「馬場と猪木は同日入門」という

帰国の翌日(4月11日)、日本橋浪花町のプロレス・センターで元プロ野球投手の馬場正平と共に、新入りとして報道陣に紹介された

書き方をされてきたが、実際に猪木がサンパウロの青果市場でスカウトされたのは3月下旬だったと思われるので、「数日だけ、猪木のほうが入門は早い」という説もある。ただ、馬場のほうもプロ野球界を去った3月中旬からプロレス転向の動き(知人を通じてのコンタクト)を始めていたようで、おそらく(2月25日から)ブラジル遠征のため日本にいなかった力道山に対して、フロントから国際電話で「先生、巨人軍にいた2メートルを超す馬場正平が入門を希望しているんですが、いかがいたしましょうか?」というニュアンスの連絡は間違いなく入っていたと思われる。そう考えると馬場のほうが「内定」は早かったという気もするのだが、「どちらが早かった」という決定的証拠がないので、やはり「馬場と猪木は、4月11日に浪花町プロレス・センターで同時入門した」という結論で問題ないだろう。

「アントニオ」の別称は入門時から存在した

「第2回ワールドリーグ戦」の第1戦から第3戦(4月15日〜17日)はいずれも東京体育館で開催されており、当時のスポーツ新聞には馬場と猪木の「観戦対談」が記載されている。馬場が「レオ・ノメリーニのフットボール・タックルは迫力満点」と言えば、対して猪木が「そのノメリーニの突進を技術で受けるサニー・マイヤースに感動」など、その後の二人の目標を示唆するような発言があるので非常に興味深い。二人は「ワールドリーグ戦」の巡業には同行せず道場で基礎トレーニングを開始したが、上半身、下半身の筋肉がメキメキ膨れあがってきた6月7日、名古屋・金山体育館（メインは力道山、豊登対ダン・ミラー、フランク・バロアのアジアタッグ選手権）から巡業に合流。この日に撮影された写真（力道山の眼前で馬場と二人でヒンズー・スクワットをやる場面）が翌日のスポーツ新聞に紹介されているが、そこには「17歳の猪木アントニオ完至君」という記載があり、この時期から既に「アントニオ」という別称（力道山が猪木売り出しの手段として「日系ブラジル人2世」と偽装するため。実際には猪木は横浜生まれで、ブラジル移住のため中学退学するまでは横浜育ち）を与えられていたことが証明されている。リング上で正式に「アントニオ猪木」になるのは2年後（1962年）の11月7日、沖縄・名護町大会からだったが、案外、控室では入門当時から「おーい、アントニオ」みたいな呼ばれ方をしていたのかもしれない。

6月7日の名古屋・金山体育館と24日の札幌中島スポーツセンターのリング上で、初めて「タイツ姿の馬場と猪木」が紹介された。マイクを持って二人を紹介したのはレフェリーの九州山で、この時は共に「去る4月に日本プロレスに入団した馬場正平君と猪木完至君です。デビューを目指して頑張っております。なにとぞ皆様のご声援をよろしくお願いします」という定番のアナウンスが行われている。馬場はまだ腹回りにやや贅肉がついており、リング上では両脇に拳を作って「腹を

6月頃、道場でダンベルを上げる猪木。それを見る馬場。馬場の右は竹下民夫。竹下は、プロ野球を辞めた馬場と日本プロレスのつなぎ役の一人だった

6月頃、道場で汗を流す猪木と馬場。2人の間にいるのはマンモス鈴木。マンモスは1958年入門で馬場・猪木の2年先輩

デビューを夢見て厳しい練習に耐える猪木（6月頃）

6・7名古屋・金山大会のリング上で紹介される馬場・猪木。デビュー前の新人がリング上で顔見世を行うのは異例のことであり、2人に対する力道山の期待の高さがうかがえる

へこませてポーズを取っている」ようにも見える。猪木のほうは2カ月余りの特訓で大胸筋が逞しくなっており、いずれにせよ「デビューは近いな」という期待感を抱かせる顔見世となっている。力道山が「デビュー前の新人」をリング上で紹介するのはこれが初めてであり、馬場と猪木がいかに「次世代の日本プロレスを担う素材」という別格の扱いを受けていたかが覗われる。

この時期のテレビ中継について簡単に書き留めておきたい。1958年9月5日に開始された日本テレビの「日本プロレス中継（金曜夜8時から9時まで、ただし2週間に一度）」は順調に継続されており、毎週の視聴率が全民放番組のベスト3を外れたことがなかったので、「そろそろ毎週、プロレス中継が見たい」という声が日増しに高まっていたタイミングだ。時間枠のソウル（単独）・ス

6・24札幌大会のリング上でも馬場・猪木は観客にお披露目された

ポンサーだった三菱電機も検討を重ねていたが、「プロレス中継がない週」に放送していた「夢の国・ディズニーランド」も多くのファン層に支持されていた人気番組だったので、なかなか「毎週プロレス」という方向には舵を切れなかった。翌1961年の8月25日から、「ディズニーランドの週は、プロレスを夜10時半から45分放送」という英断が下されて、ようやく「毎週、プロレスが見られる」ようになったが、馬場と猪木がデビューした1960年は未だ「隔週」であり、力道山と豊登、プラス遠藤幸吉、吉村道明、芳の里あたりが出るのが精一杯。放送時間的に、いくら有望新人とはいっても、馬場や猪木のデビュー戦が放送されるほどの余裕はなかった。

当時のテレビ欄を調べると5月13日が「力道山対ノメリーニ、遠藤対マイヤース（東京体育館）」、27日が「力道山、豊登対マイヤース、ミラー（徳島市民会館）」、6月10日が「力道山対バロア、豊登、遠藤対マイヤース、ミラー（東京体育館）」、24日が「力道山、豊登、吉村対マイヤース、バロア、東郷、遠藤対ミラー（札幌中島スポーツセンター）」とあり、ほとんどが生中継だったこともわかる。録画用のフィルムが高価だった時代なので、コスト的に生中継のほうが安くついたという事情が大きかったろうが、逆に私のようなマニア的見地から言わせてもらうと、この時代の貴重なテレビ映像がほとんど残っていないのは、「生中継ばかりだった」弊害であり、「録画主体だったら、たくさん名勝負映像が残っていただろうに」とコボしたくなる。

「デビュー前から先輩たちよりも俺のほうが強かった」～猪木の本音

札幌で「顔見世」を行った馬場と猪木は6月28日に東京に戻り、再び道場に籠って（といっても合宿所はない時代だったので、二人とも日帰りの通い練習）特訓の日々に明け暮れた。7月4日に新宿区体育館（アジアタッグ選手権＝力道山、豊登対マイヤース、ミラー）、9日に田園コロシアム（インターナショナル選手権＝力道山対マイヤース）の興行があったあと、力道山はローマ・オリンピック見学のために長い休暇に入り、馬場と猪木のデビュー戦である9月30日まで、2カ月半以上のロング・オフを取得した。この期間の練習について、私は２０１０年から２０１１年にかけて、猪木本人に何度か突っ込んで質問したことがある。猪木の回答は、おおよそ次のような趣旨だった。

馬場・猪木が同日デビューを果たした東京・台東体育館

「力道山先生が海外に行っていなかったが、緊迫感というか緊張感は全く変わらなかった。指導者は主として沖（識名）さんが技術的なことを教えてくれて、時々アマレスの動きやコツを吉原（功）さん、柔道の関節技の動きやコツを大坪（清隆）さんが教えてくれる感じだった。あとは中堅、若手とのスパーリングの中で、自分で考えながらクタクタになるまでやるだけだったが、自分が日に日に強くなっていくのが手に取るようにわかった。こういういい方をすると不遜だとかうぬぼれていたと思われるかもしれないが、デビュー前の段階でほとんどの先輩に対して『なんだ、俺のほうがずっと強いじゃないか』みたいな気持ちを持っていた。もちろん、17歳だったから若気の至りという部分もあっただろうが、今思い出しても、実際にデビュー前の段階で、所属レスラーの中ではかなり上のレベルにいたように思う」

この述懐をした時の猪木の「なんとも表現できぬ、独特な表情、笑顔」は忘れられない。いくら猪木のような偉大なレスラーとて、「俺はデビュー前から強かった」と自分から言うのは憚られたのだろう。しかし、「もう50年前の話だし、本音を言ってもいいだろう」という気持ちもまた、交錯したに違いない。それが「独特な表情、笑顔」となったことを確信した。

(上・下) 猪木デビュー戦の相手は兄弟子の大木金太郎。どう見ても簡単に勝利を奪える相手ではない。猪木は逆腕固めで大木に完敗。一方、馬場は田中米太郎に勝利。デビュー戦で馬場と猪木は明暗を分けた(9・30台東体育館)

馬場デビュー戦の相手である田中米太郎には、猪木も全勝している（写真は10・19台東体育館）

9月30日の東京・台東体育館は金曜日で、日本テレビの生中継があった。この大会で猪木と馬場が同日デビュー。メインは力道山対リッキー・ワルドーのアジア・ヘビー級選手権で、この日は日本ライトヘビー級王座決定のトーナメントがあったため、猪木対大木金太郎は第7試合、馬場対田中米太郎は第8試合に組まれている。さすが二人は前代未聞の別格扱いで、猪木の相手をつとめた2年先輩の大木は「こんな若造の噛ませ犬になってたまるか！」とばかり、燃えに燃えただろう。猪木は7分6秒、逆腕固め（ハンマーロック）でギブアップ負け、馬場は股裂きで5分15秒に楽勝したが、猪木はこの件について「まあ、当時の田中さんに負けるレスラーはいなかった」と大笑いしていた。実際、猪木はデビュー3戦目の10月15日、札幌中島スポーツセンターで田中に勝っており（プロ入り初勝利＝11分36秒、首固め）、以降も全勝している。猪木がデビュー戦で大木に当てられ、馬場が「誰でも勝てる」田中と当てられたことについて私が「あの組み合わせは、力道山が決めたのですよね？」と振ったら、猪木は「まあ、そうでしょうけどね」と肯定したものの、やはり（当然ながら）「俺も勝ちたかったな」という悔しさの念は明白に感じ取れた。馬場はこの日からわずか9カ月後の翌年7月1日、信じられない早さでアメリカ武者修行に出してもらっているので、今思えば力道山が馬場を「促成栽培」したかったことは明らか、デビュー戦の相手が弱い田中だった理由も理解できる。猪木17歳、馬場22歳という年齢的な差も考慮し、力道山としては「とてつもなく素質のある猪木は、焦らずじっくり手元に置いて育てていこう」と考えていたことも間違いない。

このあと年末（12月9日が最終戦）までの試合記録を調査すると、馬場が18勝7敗4分け、猪木が11勝15敗2分け。馬場は先輩の大木金太郎、ミスター珍、長沢日一、ユセフ・トルコ、大坪清隆、吉原功、金子武雄を破っており、当初から驚異の勝率を挙げている。猪木はまだ大坪、吉原、金子、長沢のベテラン勢には勝利できずに越年したが、翌年半ばまでにはアッサリと全員から勝利をおさめ、1962年10月以降は引き分けもなしで全勝している。「俺はデビューの段階で、かなり上のレベルにいた」という自信と驚異的な成長スピードを、十分に納得できる結果を残していた。

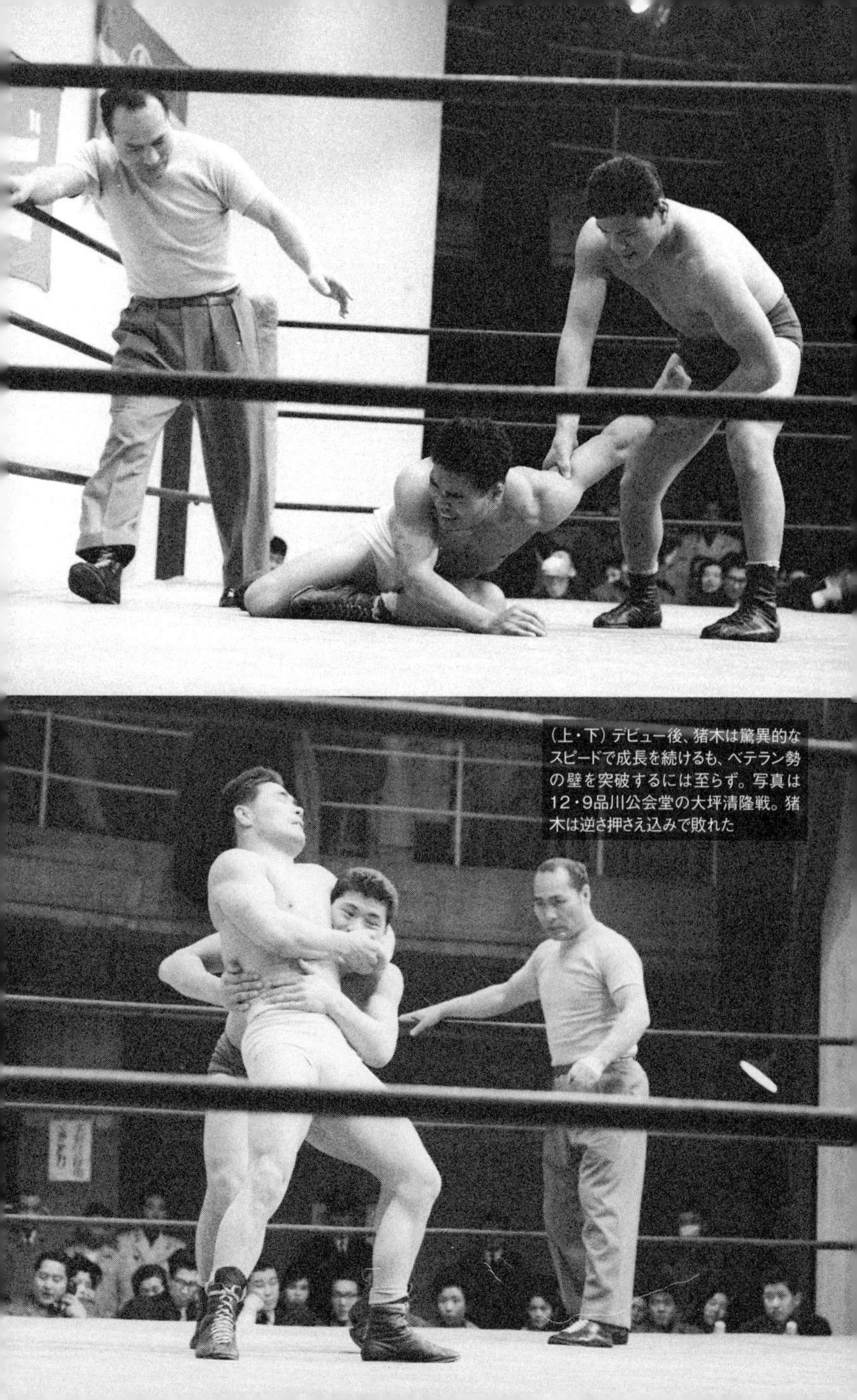

（上・下）デビュー後、猪木は驚異的なスピードで成長を続けるも、ベテラン勢の壁を突破するには至らず。写真は12・9品川公会堂の大坪清隆戦。猪木は逆さ押さえ込みで敗れた

1961年（昭和36年）

18歳にして鉄人テーズ顔負けの歴史的スピード出世

吉原功という「最初の壁」に猛アタック

猪木レスラー生活2年目の1961年は、1月6日に東京・台東体育館からスタート。まだ後楽園ホール（1962年オープン）がない時代なので、ビッグマッチでない場合、あるいはシリーズ（まだ国際戦の呼称が一般的）開幕戦の都内会場としては、キャパ的に台東体育館は最も手頃なハコだった。もうワンサイズ小さいところでは、後楽園ホールの半分程度のキャパの品川公会堂もあったが、力道山は出たり出なかったり（出ない場合のほうが多い）の「テレビスタジオに毛が生えたレベル」の会場。観客層は「力道山は、出なくてモトモト。出たらラッキー」的なコア・ファン向けの会場だった。猪木は第4試合に登場し田中米太郎と対戦、12分13秒に股裂きで楽勝している。参加ガイジンはロード・ブレアース（のちのPWF会長）とラッキー・シモノビッチ、サー・ダラ・

シン（ダラ・シンの実弟ランダワ・シン）の正統派3人だったから、（見るだけであったにせよ）猪木にとっては技術的に吸収すべき点が多いトリオだったと思われる。

1月18日の岐阜市民センターでは吉原功と対戦し、14分2秒に腕固めで敗戦。これが5回目の対戦だったが勝てずに、まだこの段階で吉原の技術を凌駕するには至っていない。31歳の吉原はキャリア7年、前年10月19日には台東体育館で大坪清隆を破り日本ライトヘビー級王者になっており、中堅の中では別格扱いされていた。私の師匠であるプロレス評論の草分け・田鶴浜弘（たづはまひろし）氏（1905～1991年）は早稲田大学の先輩・後輩という関係から、吉原と昵懇の間柄だった。私は京橋にあった師の事務所で、吉原が大坪に勝った試合を観戦したときの様子を聞いたことがある。

「吉原君と大坪君は仲が良くて道場でも練習仲間でもあったから、互いに絶対負けたくないと思っていた。吉原君がアマレス、大坪君が柔道の出身だから異種格闘技戦みたいなスリルがあって、素晴らしい試合だった。あの時、吉原君は39度近い熱があったけど、気力で勝った。試合が終わったあとに控室で嘔吐して立てなくなってしまったので、私の車で北浦和の自宅まで送ってあげたのを覚えている」

猪木本人に「吉原さんに、アマチュア・レスリングの練習法とか技術とかのコーチを受けたことがありますか？」と直接聞いてみたことがあるが、答えは「もちろん」というニュアンスではなかった。

「何回かあったが、それほど多くはない。軽量級とのスパーリングという点では、大坪さんとの練習のほうが多かった。大坪さんから、柔道の関節技を教えてもらったこともある。基本的には沖（識

新人の猪木にとって7年先輩の吉原は登竜門的存在だった。写真は1・18岐阜の吉原戦（敗北）

名）さんから教わる時間が一番長くて若手時代のベースになっていたけど、それは馬場さん、大木さん、（マンモス）鈴木さんも一緒だったと思う」

1960年の稿にも書いたように、吉原と大坪の二人は17〜18歳の猪木にとって「大木を除くと最初の壁」となった先輩で、勝てるようになったのは7月以降だった。いくら素質のある若手とはいえ、そこには多少の〝遠慮〟〝配慮〟もあったと思われ、デビュー早々に毎回勝てるという時代ではなかった。

大坪清隆（木村政彦の国際プロレス団出身。キャリア7年）も吉原同様、猪木の壁となった

馬場以外で「ほぼ同期」（入門はやや早かった）、1歳年上の田中政克（のちの田中忠治）とは何度か引き分け記録があり、デビュー当初の猪木からすると「ライバルに近い存在」だったかもしれない。猪木がブラジルから帰って力道山邸に住み込みになった時点で、既に田中も住み込みをしていた（猪木本人の述懐）から、「力道山の身の回りの世話人」として最も会話をかわす関係だったろう（もう一人の田中である田中米太郎とあわせて、3人が住み込みだったという）。猪木は「田中さん」と呼んでいたそうだが、田中が猪木をどう呼

2・5台東体育館における田中政克（忠治）戦（猪木勝利）。この時期の猪木にとって田中はほぼ同期の競争相手だった

んでいたかは定かではない。田中は力道山邸の住み込みを1960年一杯で終え、1961年からは豊登に付きっ切りの「子分」になっているので、豊登に可愛がられていた猪木からすれば「兄弟弟子」でもあった。この年の最初の都内ビッグマッチとなった2月5日の台東体育館（メインは力道山、豊登対ブレアース、シモノビッチのアジアタッグ選手権）では第4試合の20分1本勝負で猪木対田中政克の試合が組まれ、猪木が15分55秒に体固めで勝っている。この2月あたりから猪木は「15分1本勝負」（興行の前座第1～第3試合くらい）から「20分1本勝負」（次の第3～第5試合くらい）グループに移行しているが、そこにも成長の速さが見てとれる。ブレアース、シモノビッチが帰国したあとは5月のワールドリーグまで「日本人のみ」の興行がポツポツ組まれたが、4月23日に靖国神社境

内内相撲場における、いわゆる最初の「奉納プロレス」（ガイジンなし）でも猪木は田中政克と第5試合で対戦し、この時は13分42秒に首固めで敗れている。

なお、この時期を書いた猪木生涯記録集の中には「田中政克」と「田中米太郎」を混同しているのがいくつかあるが、猪木は「米太郎」に負けたことはない（時間切れ引き分けが1961年1月8日、名古屋の一度だけある）。「田中米太郎に負けたことになっている記録」は、「田中政克」の誤りなので、ご注意されたい。

クライザー（ゴッチ）との初邂逅、外国人選手との初試合

5月1日に開幕した「第3回ワールドリーグ戦」には、のちに猪木の師匠となるカール・ゴッチ（当時の呼称はカール・クライザー）が初来日する。第1戦の吉村道明戦（1対1から45分時間切れ引き分け。日本におけるジャーマン・スープレックス初公開）が余りにも有名だが、猪木史の観点だと前日の公開練習（浪花町の道場）のほうが重要である。参加する全ガイジンが揃ったこの日は、リング上でマスコミ相手のスパーリングが公開されたが、クライザー対ロニー・エチソン（リーグ序盤は白覆面姿、この公開練習も白覆面）、クライザー対ミスターX（黒覆面のビル・ミラー）のスパーリングをリングサイドから眺める馬場、猪木、大木らの顔が揃っている写真が残されており（次ページ）、「世界一流のプロレスラーってのは、こんなに凄いのか！」という感動とも驚嘆ともつかぬ表情をしている。この公開練習で、ゴッチはエチソン相手にジャーマン・スープレックス

（上）4月29日、カール・クライザー（ゴッチ）が初来日。羽田空港で外国勢の来日会見が開かれた（写真）
（下）4月30日、道場で公開練習を開催。力道山のスパーリングを猪木、馬場、大木らも神妙に見守った

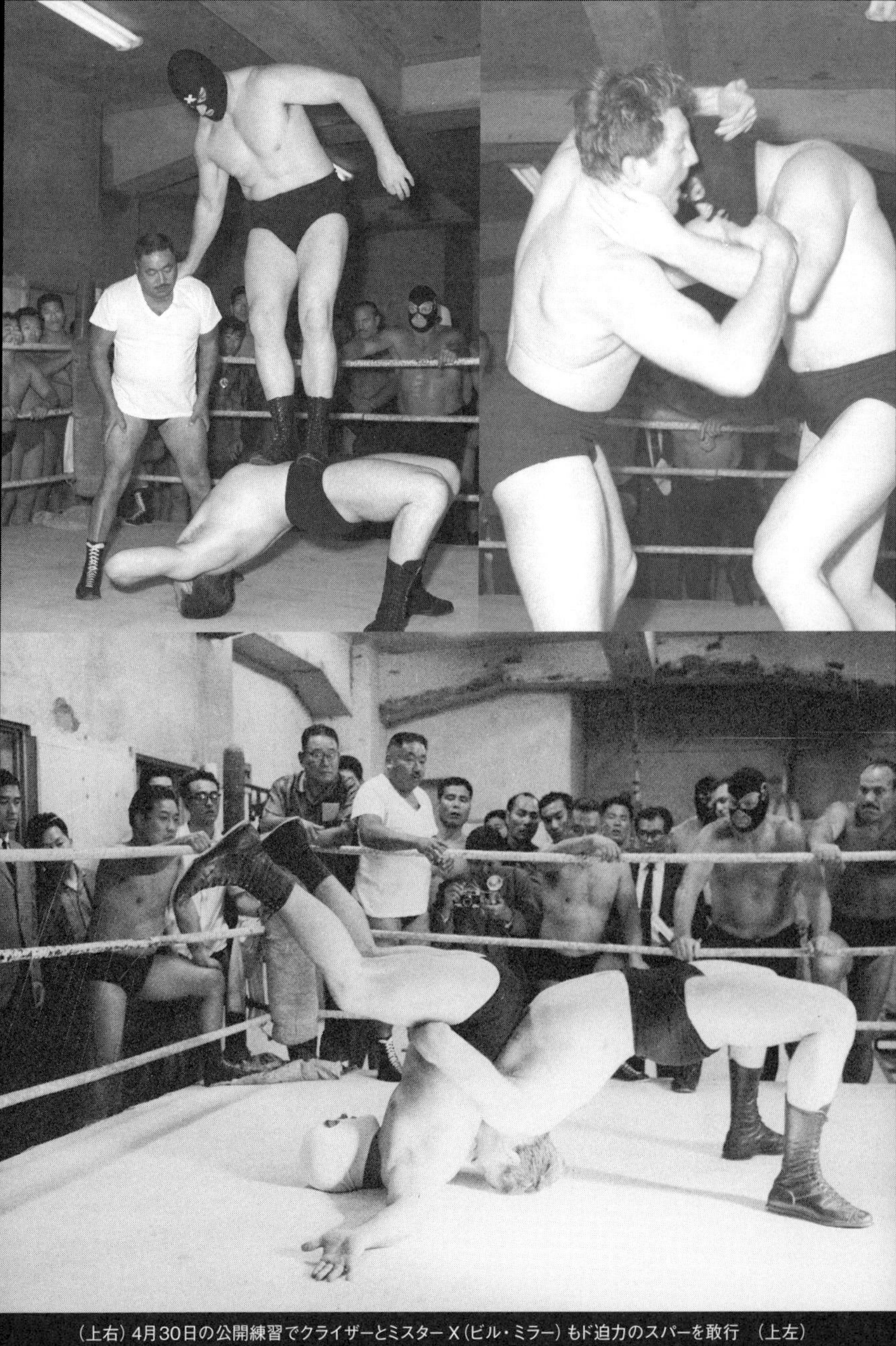

（上右）4月30日の公開練習でクライザーとミスターX（ビル・ミラー）もド迫力のスパーを敢行　（上左）クライザーが芸術的なブリッジを披露。猪木もまじまじと見入る（4・30公開練習）（下）クライザーがロニー・エチソンを相手にジャーマン・スープレックスを公開するや、日本人レスラーたちは茫然とした表情に（4・30公開練習）

「第3回ワールドリーグ戦」では〝密林男〞グレート・アントニオが話題を独占。バスを引っ張るパフォーマンスでファンのド肝を抜いた

を使ってフォールしているが、これは18歳の猪木にとって「これだ！　俺が目指すのは、クライザーのようなレスラーだ」という「開眼」に近い強烈なインスパイアだったと思われる。

猪木は5月1日の開幕戦（東京体育館）では初のタッグマッチ（30分1本勝負＝第3試合）に起用され、マンモス鈴木（本名＝鈴木幸雄）と組んで吉原、大坪と時間切れで引き分けている。この日は馬場も初のガイジン戦が組まれ、猪木の試合の二つ後にミスターXと対戦して4分21秒、逆エビ固めでギブアップ負け。ガイジンとのデビュー相手がビル・ミラーだったのだから、いかに力道山が馬場に期待していたかがわかる。この試合は日本テレビのアーカイブに残されていて、1995年の夏に日本テレビ特番「金曜日の夜、日本は燃えた」（60分）で流されたことがあった。当時、私は日本テレビの袴田さんというプロデューサーから時代考証を依頼されて、市ヶ谷にあった日本テレビの映写室で5月1日の映像を見る機会を得た。その中には同じ日の第8試合（セミ前）に行われたグレート・アントニオ対遠藤幸吉の試合もあったが、アントニオ入場時、花道でアントニオを先導する猪木の姿が数秒だが映っていた。おそらくこれは猪木が映っている「最年少動画」ではないかと思われるが、実際にレスリングをやっている動画でないのが残念だ。

「第3回ワールドリーグ戦」は、優勝決定戦が終わったあとの「追撃戦」を加えると3カ月の超・ロングサーキット（最終戦は7月24日）だったが、その中で最も特筆すべきことは猪木が遂に「ガイジン選手と対戦した」ことである。それは7月19日の札幌中島スポーツセンターで、相手はトシ東郷（ハロルド坂田、1920～1982年）だった。ハワイ生まれの日系二世で、両親は日本人。1948年のロンドン・オリンピック重量挙げで銀メダルを獲得したあとプロレス入りし、グレート東郷の弟（トシ）として全米の主要マーケットで悪名を轟かせた

日系ヒールのトシ東郷（ハロルド坂田）は、猪木が対戦した初めての外国人選手だった。対戦は7・19札幌で、外国勢との初対決、しかもセミファイナルの前とあって、プロレスラー・猪木のランクアップが伺える

一流レスラーであり、このときのワールドリーグ戦にもグレート東郷のブッキングで来ている（来日は4度目）。猪木との試合は第7試合（セミの前）に組まれて坂田が7分2秒に体固めで勝っているが、猪木がセミ前（ミスターXの試合のあと、ゴッチの試合の前）に組まれたのもこれが最初であり、控室での緊張度合いが想像できる。馬場と芳の里、鈴木の3人が6月30日に渡米したことで日本陣営が薄くなったこともあったが、このあたりから猪木の出場は徐々に後ろのほうになってきて、同時に力道山の世話をする「付き人ワークタイム」も増えてきた。

なお、ゴッチと坂田はこのツアーで親しくなり、ゴッチが日本プロレスのコーチ業を終えてホノルルに移住した1969年夏からも、エド・フランシス主催の興行で何度も対戦している。1972年3月、ゴッチが新日本プロレスのブッカー（外国人招聘係）に就任したときは、さっそく7月の「ニュー・サマー・シリーズ」にブッキングされ、日本側の助っ人として猪木とのタッグも実現している（8月1日、北海道・帯広市民会館のメイン、対レオン・バクスター、ディック・ダン組、2対1で勝利）。猪木にとっての坂田は「忘れじのガイジン」の一人だったろう。世界的に有名になった007映画（「ゴールドフィンガー」）で「オッド・ジョブ」というシルクハットを被った悪のタフマン・キャラクターに扮し、ジェームズ・ボンド（ショーン・コネリー）との大迫力格闘シーンを演じたのは2年後の1963年で、それ以降は（テレビ）映画俳優とプロレスラーの二足ワラジとなったので、この猪木との対戦が「レスラー専業時代」における最後の来日となった（次の5度目の来日は1968年1月の国際プロレス）。

このあと同年下半期に猪木はレッド・ミラー（4勝）、ラリー・ジャクソン（1勝）との対戦が

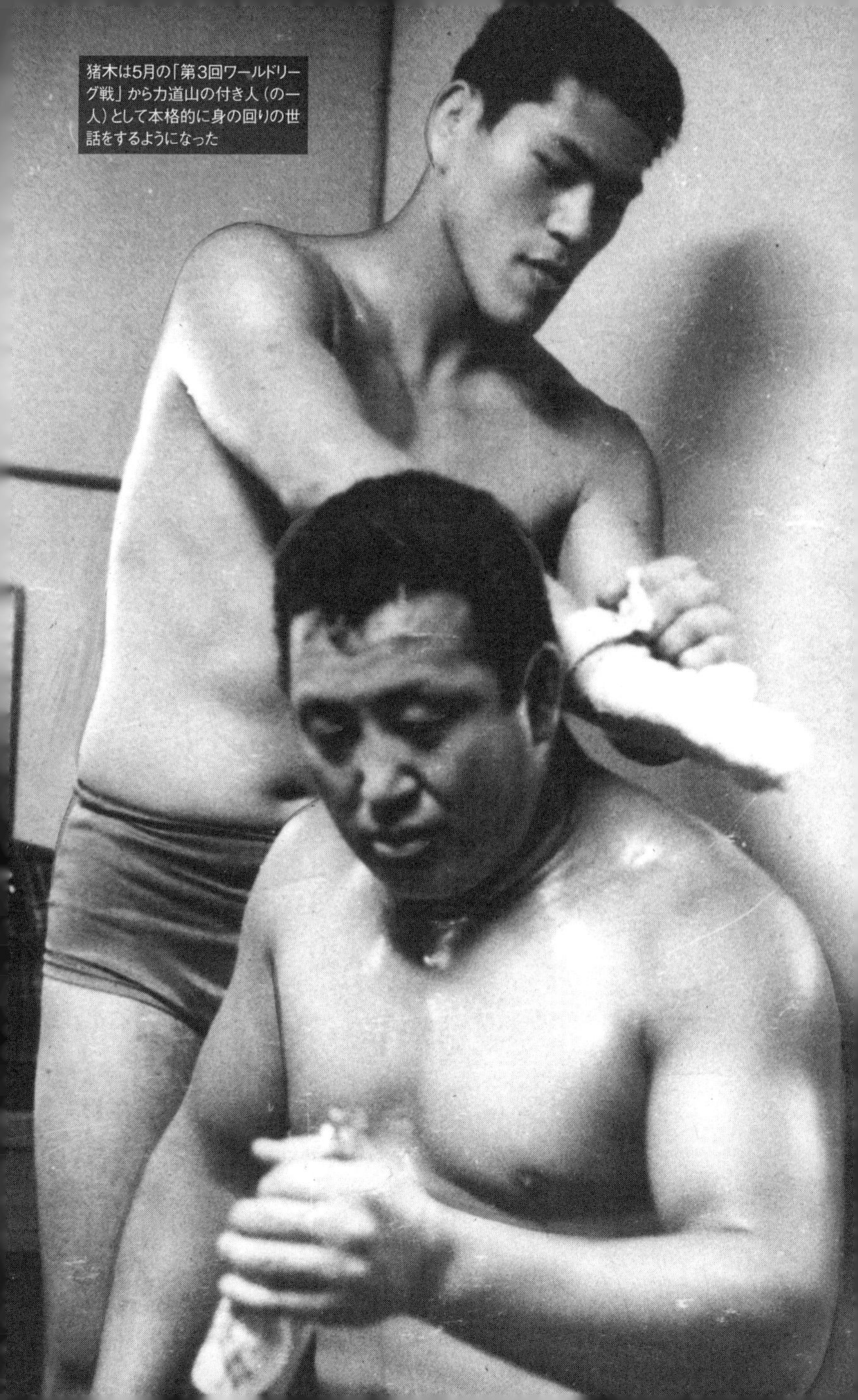

猪木は5月の「第3回ワールドリーグ戦」から力道山の付き人（の一人）として本格的に身の回りの世話をするようになった

同期の馬場、2年先輩のマンモス鈴木は7月、アメリカ武者修行に出発。馬場はデビュー9カ月での抜擢であり、猪木は先を越された形になった。写真は1961年春、猪木、馬場、大木、鈴木の若手4人衆

あるが、この二人は当時、日本（横須賀基地）に駐留していたアメリカ軍人、ならびに関係者というだけの、「普通の民間アメリカ人、アルバイト・レスラー」であり、歴としたプロレスラーではなかったので「対ガイジン」の範疇に入れることはできない。札幌におけるトシ東郷との一戦が、この年唯一の「ガイジン戦」と書き留める。

デビュー1年でセミファイナル登場

年末までの段階で猪木が苦戦した先輩に、大木金太郎ともう一人、土佐の花という相撲出身のベテランの怪力男がいた。9月1日のリキパレスで反則勝ち、9月30日の神奈川・平塚で20分時間切れ引き分け、10月11日の岡山で反則勝ち、10月13日の高知では体固めで負け、10月21日の宮崎で反則勝ちと苦戦した

が、10月22日の福岡・小倉でようやく逆腕固めでギブアップさせ勝っている。1926年（大正15年）4月生まれだったから当時35歳のベテランで、二所ノ関部屋の幕下力士を1955年に廃業してからは日本プロレスの中堅として活躍した個性派だった。ただ精神的な病気を抱えており、1957年には力道山に暴言を吐いて一時日本プロレスを解雇された経歴があったため（詫びを入れて1959年に復帰）、なかなか中堅の座を越えることはできなかった。レスラー引退後、

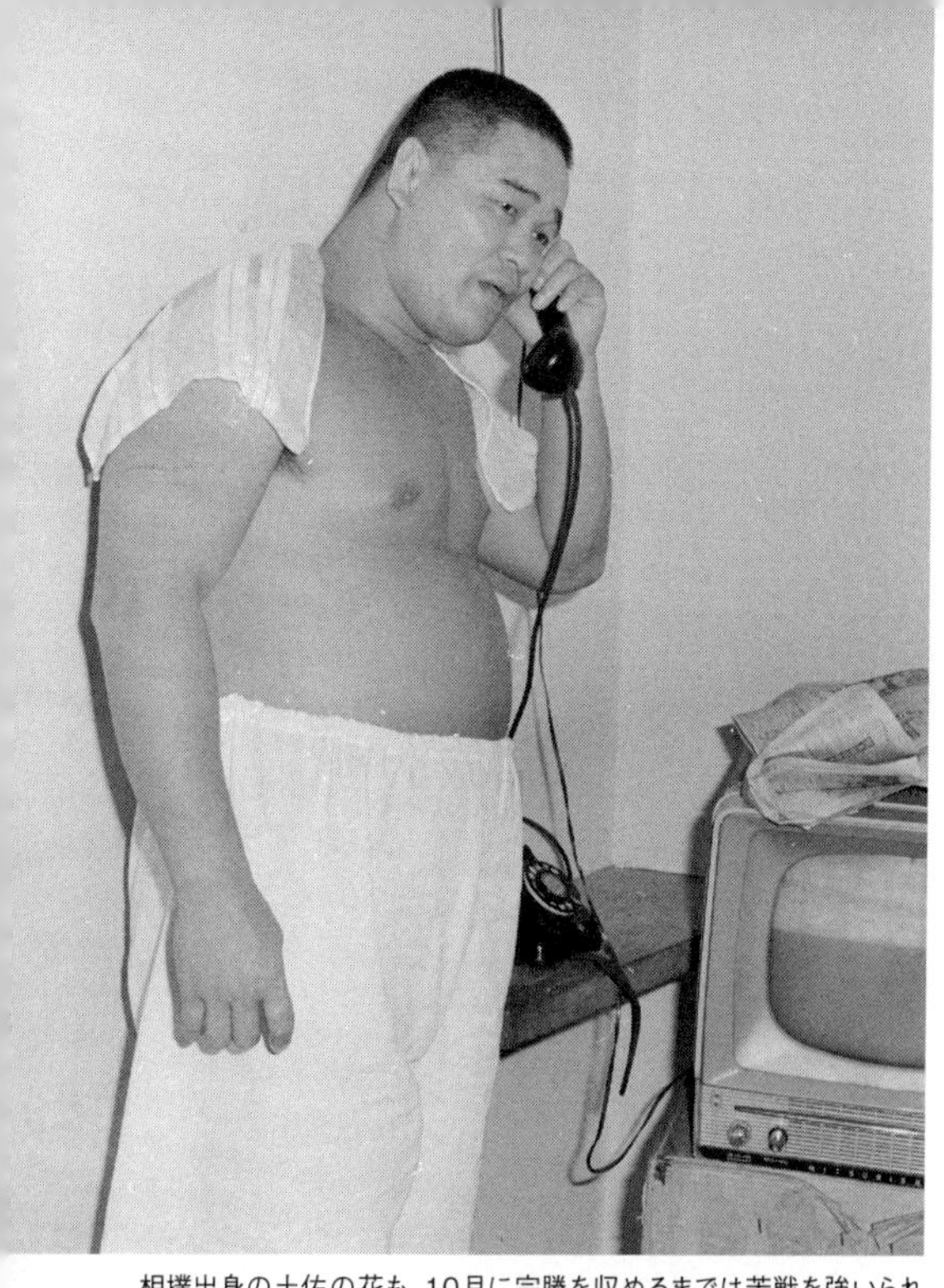
相撲出身の土佐の花も、10月に完勝を収めるまでは苦戦を強いられた先輩だった

1965年に短刀で割腹自殺を遂げるという壮絶な最後を迎えたが、この時もプロレス関係者の知人、友人は誰一人行方を知らなかったという。身長、体重からすると、のちの大熊元司タイプのブル・ファイターだったと想像されるが、まだ年齢的にも若かっただけに、39歳の早世は非常に惜しまれる。

11月13日の新潟県糸魚川市糸魚川小学校体育館で、猪木はデビュー以来初のセミファイナルに起用された（メインは力道山、遠藤、吉村対ゼ

ブラ・キッド、ドン・マノキャン、エルド・ボグニの6人タッグマッチ)。45分3本勝負で、相手は大木金太郎。ここまで3敗1引き分けだった難敵相手の晴れ舞台で、勝利こそゲットできなかったものの2本目を4分22秒、逆さ押さえ込みで初のフォール奪取には漕ぎつけている(1本目は11分3秒、3本目は4分6秒、共に体固めで大木が勝利)。勝敗だけでランキングを作成するとすれば、猪木は年末の段階で既に力道山、豊登、遠藤、吉村、大木に続く「ナンバー6」のランキングにいたと言ってよい(馬場は7月からアメリカ遠征中で日本不在)。一番手エースの豊登は、生来のギャンブル好きが度を越して、巡業中にもかかわらず夜の試合をスッポかすこともあり、親分の力道山もホトホト手を焼く存在だった。それでも解雇しなかったのだから、よほど力道山は豊登のことを可愛くて仕方がなかった…というのが通説になっているが、一説にはギャンブルを通じて行く先々の「コワモテ」達と友人関係になり、力道山の身代わりになって頭を下げる「重要な役割」を担っていたと語る関係者もいる。

いずれにせよ、18歳の猪木が既に実力的に日本プロレスの上位にいたことは驚異的なことであり、その出世スピードを歴史上のレジェンドと比較すると、これより早いケースはなかったと思われる。私が理解している範囲ではルー・テーズがこれに近い(1916年4月24日生まれで、1934年4月5日、アメリカ・イリノイ州コリンズビルで17歳でデビュー。1935年2月5日、18歳でセントルイスのミュンシパル・オーデトリアム=のちのキール・オーデトリアム=のセミ

馬場、鈴木の渡米後、猪木は打倒大木を目指して中堅クラスで奮戦。写真は巡業中、大木とともにビール、ラーメンを楽しむ様子

ファイナルでウォーレン・ボックウィンクル＝ニック・ボックウィンクルの父親＝と30分フルタイム・ドロー）が、試合頻度や対戦相手の格を考慮すれば、猪木のほうが僅差でリードしている。まさに驚異の18歳。高校に進学した同級生が、ようやく大学1年生になった年末である。横浜の鶴見時代に小学校、中学校の同学年だった人たちの多くがスポーツ新聞をながめながら、「あれ？　この猪木完至って、あのブラジルに渡ったカンちゃんなのでは？」と認識し始めたのも、おそらくこの時期だったろう。

1962年（昭和37年）

力道山、豊登、一流外国人にもまれて、「アントニオ猪木」に成長

豊登と1対2変則タッグマッチで激突

猪木にとって大躍進の1年となった1962年は、1月5日（金曜日＝テレビ生中継）のリキパレスからスタート。猪木は第6試合（セミの2つ前）で平井光明（のちのミツ・ヒライ）と対戦し、13分52秒に体固めで勝っている。平井は猪木と同じ1943年2月の生まれで、入門は猪木より2年早い15歳のとき（中学卒業と同時）だったが、まだ体が出来上がっておらず、体格的に猪木と渡り合うのは難しかった。この年だけで猪木とはシングルで31回対戦しており、全敗。その半分くらいが逆エビ固めに

1・5リキパレスで平井に体固めで勝利

よるギブアップ負けなので、パワーの差は歴然だった。1967年の猪木の日本プロレス復帰後、ヒライとは地方のセミでタッグを組んだり、メインで6人タッグを組むようになった。コンビネーションは悪くなかったが、同タイプの星野勘太郎が躍進してくるとランク的にダウンしてしまった感があり、1969年の夏あたりをピークに、猪木とのコンビでテレビに映る機会は徐々に減っていった。フィニッシュの首固めの切れ味は若手時代から絶品だったが、猪木からスリーカウントを奪うには至っていない。

豊登は当時30歳。レスラーとして全盛期にあり、ハンディキャップ戦で猪木&大木の2人を相手にすることぐらい苦もなかった（写真は別の試合でのファイトぶり）

このあと猪木は2月3日の両国日大講堂までシングルで11戦こなし、大木と20分時間切れで引き分けた以外は10戦全勝（相手は吉原、トルコ、桂浜＝田中米太郎、大坪、長沢）で、もはや「中堅の一番上、トップグループの一番下」という感じに位置していた。そのあたりで「慢心するなよ」とばかり力道山が組んだかどうかは定かではないが、2月9日のリキパレスでは大木金太郎と組んで豊登に挑む「2対1」のハンディキャップマッチが組まれた（45分3本勝負のセミファイナル）。力道山と組んでアジアタッグ王者に君臨していた豊登は当時30歳（1931年3月21日生まれ）で、肉体的にはまさに絶頂期。大木と猪木にとっては「下剋上」のビッグチャンスだったが、1本目は4分20秒に猪木が逆エビ固めでギブアップし、2本目は4分36秒に大木が体固めで敗れアッサリとストレート負け。普段は良き兄貴分として相談相手でもあった豊登が、ここは猪木、大木を二人まとめて「おい、メインイベンターは甘くないぞ」とばかり格の違いをみせつけた形になった。この時期の豊登は切り札に逆エビ固め、逆片エビ固めを頻繁に使っていたほか、アルゼンチン・バックブリーカー、あるいはカナディアン・

バックブリーカーの態勢から前方に相手を叩きつける「投げっぱなしパワーボム」のような荒技など、力感あふれる試合ぶりで人気があった。

当時の新聞のテレビ欄を見ると、この2・9リキパレス大会は当日にディレイ中継（夜10時半から11時15分のワク）されていたので、セミファイナルだったハンディキャップマッチは、テレビ中継枠に入っていた可能性が非常に高い（メインはリッキー・ワルドー、ルター・レンジ対ロッキー・ハミルトン、ロニー・エチソンのガイジン同士タッグマッチ。特別レフェリーが力道山）。ひょっとすると猪木、大木がテレビに登場したのはこれが最初だったかもしれず、その晴れ舞台で「豊登にハンディ戦で完敗、しかもテレビ生中継だった」経験が、のちのち新日本のリーダーになってからの生中継でのサプライズやハプニング（たとえば「谷津嘉章の悲惨なデビュー戦」、「長州力の噛ませ犬事件」、「藤原喜明の札幌襲撃テロ事件」など）の源流だった…というのは考え過ぎだろうか？

猪木と全く同学年だった平井について前述したが、この時期には猪木よりも年下だったレスラーが一人いた。１９４７年5月４日生まれの木戸時夫である。言うまでもなく新日本旗揚げ

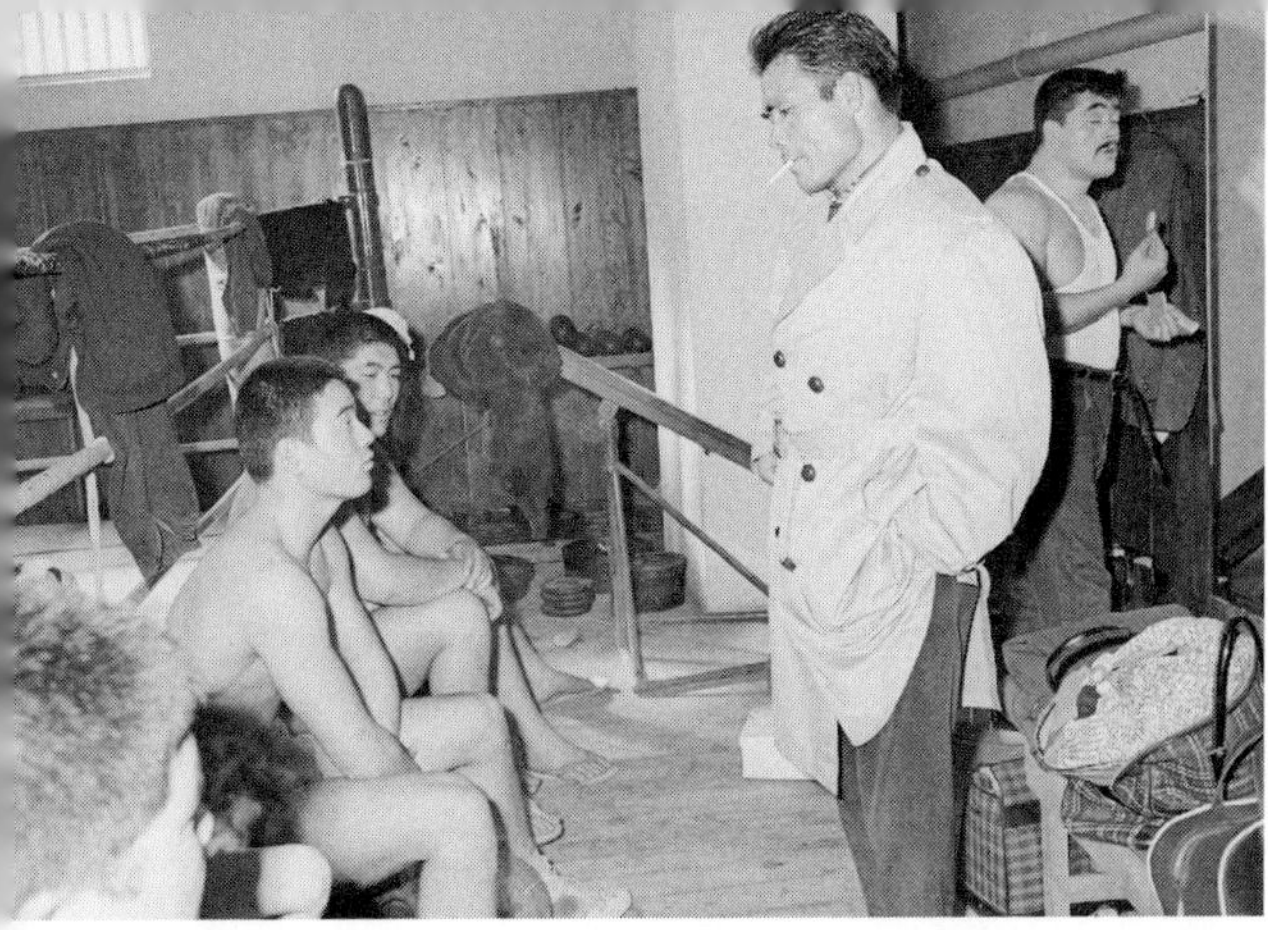

木戸時夫（左・手前）は〝いぶし銀〟の異名をとった木戸修の兄。若手時代の猪木の練習仲間だった。写真、木戸の奥は大熊元司、右は大坪清隆とミスター珍

メンバー（ユセフ・トルコを含めて7人）の一人だった木戸修の実兄だが、猪木と同じ時期に練習仲間だったことは意外に知られていない。

１９７7年（昭和52年）7月23日付の東京スポーツ2面、「スポーツ雑記帳」というコラムを、原文のまま抜粋する。

●

新日本プロレスのホープ、木戸修選手の実兄、木戸時夫さん（元プロレスラー、30歳）が亡くなった。去る20日午前7時、国立神奈川病院で帰らぬ人となったが、病名は胆嚢炎だった。この時夫さんは川崎の中学を卒業して昭和37年、力道山門下の日本プロレスに入門。その年にデビュー（※筆者注＝12月28日のリキパレス、本間和夫と10分時間切れ引き分け）。１８２センチのスラリとした体で将来を嘱望された。ところが、翌38年に突然不幸な出来事が起こった。道場で練習中、パイルドライバーの受け身をミス。首をマットに突っ込み、脊髄損傷でそのまま慶応病院に入院というアクシデント。命を取り留めたものの半身不随となり、15年間川崎の自宅で寝たきりの生活だった。

現役時代の時夫さんのファイトを知るアントニオ猪木は、この不幸な知らせに「木戸（修）になんと声を掛けていいかわからない。マスクが良くて、すごく運動神経が良い人だった。ものすごいケイ古熱心な男で、プロレス以外考えぬ。そんなタイプだっただけに…」と声を詰まらせる。時夫さんの葬儀は21日、横浜市港北区の千年寺でしめやかに行われたが、弟の木戸修選手は巡業先の弘前から飛んで帰り、思わぬ不幸に「これからは兄貴の分も頑張る」と唇を噛みしめていた。木戸選手は兄に劣らぬほどの〝ケイ古の虫〟。22日の天竜大会から戦列に復帰するが、今まで以上の好ファイトに期待したい。

木戸修は2001年11月2日、横浜文化体育館で引退興行を行ったが、そのときにリング上でマイクを握り、それまで語ることがなかった兄について、このようなスピーチを残した。

「兄、時夫は15歳の時に、力道山の日本プロレスに入門しましたが、16歳でケガをし、その後、長い闘病生活に入りました。兄弟みんな、両親も、兄の看護に付きっ切りになりました。デビュー戦をやって間もない時期でした。兄のリング復帰は叶わぬこととわかってはいましたが、私はプロレスラーになりました。兄の分まで、という気持ちでした。今日、この引退を兄に一番伝えたいです」

この日、猪木は会場入り口で「キップのモギリ」をやって入場するときのファンを驚かせた。既に引退興行から3年半が経過しており参議院議員でもなくフリーの時期であったが、木戸の引退興行ということで兄・時夫との練習生活が頭をよぎったに違いない。入場口を取り囲んだマスコミ陣に対して飛ばした「これがホントの木戸番ですよ」というアントン・ジョークは傑作中の傑作だったと思う。

木戸修も2023年12月11日、癌のため死去。プロレスに人生を捧げた兄弟だった。

初出場のワールドリーグ戦を経てネックブリーカー、コブラツイスト開眼へ

当時の日本プロレスの練習場は、既に日本橋浪花町のプロレス・センターから渋谷に移転して1

1961年7月、渋谷に常設会場「リキパレス」がオープン。8階までの建物にプロレス&ボクシングの試合会場、レストラン、喫茶店、ジム、トルコ（現在のサウナ）、力道山関連企業の事務所などが入っていた。選手は地下1階の道場で練習した。写真は62年8月27日、リキパレスの入口前に立つ猪木、木戸時夫、大木、大熊（右から）

年が経過していた。前年（1961年）7月30日、渋谷区大和田町に完成した「リキ・スポーツパレス（通称リキパレス）」は地下1階が道場になっており、若手、中堅レスラーは同じく前年3月頃に赤坂に完成した合宿所（力道山道場の看板がかかっていた）から「通い」の練習がルーティン。力道山、豊登、吉村、遠藤以外の大木、猪木らは全て（所帯持ちの吉原、大坪、長沢は例外）赤坂の合宿所で共同生活をしており、猪木ら若手一行は練習が終わると、リキパレスから渋谷に向かって降りる途中にあった「竹屋（たけや）」という蕎麦屋で「とりあえず」空腹を少し満たす（そのあと合宿所に戻って本格的なチャンコの夕食）のが日課だったという。1961年から1962年にかけては上田裕司（馬之助）、大熊元司、北沢幹之、星野健夫（勘太郎）らが続々と入門、デビューしており、道場も合宿所も半端な活気ではなかったろう。猪木は後年、「最初は大木さんと同じ部屋だったがイビキがすごくて全く眠れないので、うまいこと言って部屋を変えてもらった」と笑って述懐していたが、昔も今も、豊富な練習量には十分な睡眠が伴わないと意味がない。

3月2日にはリキパレスで大木とのシングル戦が行われ、ここも20分時間切れの引き分け。既に4月20日に開幕する「第4回ワールドリーグ戦」の参加ガイジン（9人）は発表されていたが、日本陣営のメンバーは発表されておらず、この猪木・大木戦は「出場権争奪戦」という見方がされた。結局は二人とも出場権を獲得し、力道山、豊登、遠藤、吉村、グレート東郷と共に「ワールドリーグ戦日本代表」の参加資格をゲットしている。

61年3月には赤坂に合宿所(写真)が完成しており、猪木、大木をはじめ選手たちはここで共同生活を送り、練習や試合のためにリキパレスに通っていた

私は2010年9月7日、デビュー50周年記念DVDの収録インタビュー時に、猪木本人に対し、「19歳でワールドリーグ戦に出場する資格を得たのは、快挙だったと思います。馬場さんは渡米して活躍していましたが、日本にいた猪木さんはルー・テーズとかディック・ハットンとかフレッド・ブラッシーとかリーグ戦をやったわけ

ステレオ

猪木は中堅クラスで、デビュー戦の相手であり兄弟子の大木金太郎と熾烈な出世競争を繰り広げた。写真は3・2リキパレス、20分時間切れ引き分け

ですから、むしろ日本にいて良かったと思うのですが」という問いを投げかけた。猪木はなんとも複雑な表情でしばしコメントを考えた風情だったが「そうですねえ…ま、今考えればそうかもしれないけど、当時はとにかくアメリカに早く行きたい、ということばかり考えていたから、そういう風には思わなかったですねえ」と答えてくれた。まさしく本音だったと思う。「とにかく本場・アメリカに遠征する」というのが唯一絶対目標の時代だったから「日本国内に留まったほうがベター」という発想は起きなかったに違いない。

「第4回ワールドリーグ戦」に招聘されたメンバーは凄かった。ルー・テーズ、ディック・ハットン、フレッド・ブラッシー、キラー・オースチン、ミスター・アトミック、マイク・シャープ、ラリー・ヘニング、アーノルド・スコーラン、デューク・ホフマン。このメンバーは間違いなく20年続いた「日本プロレス」（1953〜1973年）のシリーズ史の中で最高の豪華メンバーで、その後に誕生した国際プロレス、東京プロレス、新日本プロレス、全日本プロレスを含めた「昭和の5団体歴代豪華ガイジン集結シリーズ」の中でもベスト5に入ると思う。この大舞台で初めて日本側代表の一人に選ばれた猪木と大木は「一人くらいはガイジンを食ってやろう」と燃えに燃えた。

まず猪木がアタックしたのは〝北海の獅子王〟の異名を取って売り出していたラリー・ヘニング（4月25日、名古屋・金山体育館）。これが初来日で、まだ26歳だったが既にミネアポリス地区ではバーン・ガニア、ウィルバー・スナイダーと並びベビーフェイスのトップを取っていた大物だった。公式戦は1ラウンド8分の3ラウンド制（1本勝負）で行われたが、猪木はわずか1ラウンド目の2分12秒、ヘニングのエルボー・ドロップを食い、苦い初戦敗退を喫している。私は2018年7

ラリー・ヘニング

月、アイオワ州ウォータールーでヘニング本人に長時間インタビューする機会があり、その時にこの時期の猪木についても聞いたが、「力道山を含めても、間違いなくジャパニーズの中で最もフィジカル面でベストだったレスラー」と絶賛していた。

2日後の4月27日には神戸市王子体育館（この日のメインで、有名な〝テレビ・ショック死事件〟が勃発。ブラッシーがグレート東郷を大流血に追い込む生中継の試合をお茶の間で見ていた日本各地の5人の老人が死亡）でキラー・オースチンと対戦。オースチンもこれが初来日で、パンフレットには「切り札のパイルドライバーで、過去にアル・スミスとジョージ・サイモンスという二人の若手レスラーを殺したが、リング上の殺人は罪とならないので現役を続けている」という凄いプロフィールが掲載されている。当然これはフェイク・ニュースだったのだが、当時の私はマトモにこれを信じた。おそらく、大多数のファンは信じたのではないかと思う。ジョージ・サイモンスなどという名前の選手は存在していなかったが、アル・スミスという名前のレスラーはいた（兄のジョン・スミスや、日本プロレスと国際プロレスに2度来たソルタ・ゴーリキ・ラパパポスキーと組んで各地の全米タッグ王座も獲得）が、「パイルドライバーで死んだ」という事実はなく、このオースチンの

キラー・オースチン。当時「2人の選手を死に至らしめたことがある」と喧伝されていたパイルドライバーを得意としていた

初来日より少し前に引退している。今であれば（マニアから）壮絶な突っ込みを受けてバレバレになるのだろうが、当時は「書いたもの勝ち」。東京スポーツ新聞の櫻井康雄さんか山田隆さんの捏造だったのだろうが、これによってオースチンの恐怖バリューが何杯も膨れあがったものだった。猪木はヘニング戦より善戦したものの、2ラウンド目の1分12秒に体固めで敗戦。残念ながらフィニッシュを記載している新聞が残っていないが、おそらくはパイルドライバーの餌食になったと想像される。

翌28日には岡山県立津島体育館でフレッド・ブラッシーと対戦し、1ラウンド3分8秒にネックブリーカー・ドロップで完敗。ブラッシーは3月に力道山からWWA世界ヘビー級王座を奪取されて無冠ということになっていたが、実は本拠地ロサンゼルスではNAWA（ノース・アメリカン・レスリング・アソシエーション）の世界チャンピオンという肩書は残って防衛戦をやっており、実際は無冠ではなかった（7月にロスでWWA王者・力道山を破り王座統一。そこからロスのタイトルはWWAに一本化された）。44歳で実力的にもまだ全盛期にあり、19歳の猪木が金星を挙げられる相手ではなかった。この9年後の1971年3月26

日、猪木がロスでジョン・トロスを破り獲得したUN（ユナイテッド・ナショナル）王座の初防衛戦の挑戦者となったのがブラッシーで（5月31日、札幌中島スポーツセンター）、その試合は猪木が2対0でストレート勝ち。岡山の「借り」をキッチリと札幌で返している。

翌29日には広島市民球場でミスター・アトミックと対戦し、2ラウンド1分10秒に体固めで敗れている。この試合も詳細を記載した新聞が残されていないが、おそらくは切り札のネックブリーカー・ドロップを食ってのフォール負けと思われる。ブラッシーとアトミックは共にネックブリーカー・ドロップの名手だったが、ブラッシーが相手の首を仰向けにしてから「肩に担ぐように固定して」、その態勢から垂直に落としたのに対

フレッド・ブラッシー流ネックブリーカー・ドロップ。肩にかついだ状態から垂直に叩きつけるのが特徴。猪木はこの方式を使用

ミスター・アトミック流ネックブリーカー・ドロップ。自身もジャンプして空中から相手を叩きつけた。アトミックのそれには芸術的美しさがあった

し、アトミックのそれは、相手の頭部を仰向けにしたあと、自分は「ポーン！」という感じで思い切りジャンプし、同体で空中に浮く独特なスタイルだった（別掲写真参照）。ダメージという点では互角だったろうが、とにかくアトミックのそれはダイナミックで、フォルムの美しさでは「プロレス必殺技の芸術品」の一つだったと思う。

猪木はこの年の9月くらいからフィニッシュ技としてネックブリーカー・ドロップを使うようになったが、スタイル的にはブラッシー流を採用した（1969年3月に使用したときの映像が残っている）。まだコブラツイスト、ブレーンバスター、バックドロップなどを使う随分前の話（中堅以下の選手が派手な大技を使うことは、禁じられていた時代）であり、「猪木が使った大技第1号」

と言ってもよいテクニックだったが、ブラッシー、アトミックという「2大名手」と2日連続で対戦した（やられた）ことで開眼したとすれば、感慨深いものがある。

猪木試練の日々はまだまだ続く。2日後の5月1日は、山口県小郡町電報局横広場特設リングでディック・ハットンと対戦し、2ラウンドの1分16秒、コブラツイストでギブアップ負けを喫している。ハットンは当時38歳。この3年前の1959年1月、セントルイスでパット・オコーナーに敗れてNWA世界ヘビー級王座は奪われていたが、まだまだ実力的には全米トップクラスの強豪で、

（上）ディック・ハットンのコブラツイスト（写真＝4・23東京体育館でアトミックをギブアップに追い込んだ）。猪木はハットンに触発されてコブラツイストに目覚めた　（下）ハットンはテーズと共に「第4回ワールドリーグ戦」で猛威を振るった（写真は4・20リキパレス、ワールドリーグ戦前夜祭のエキシビションマッチで力道山と対戦）

このリーグ戦ではテーズと並び、力道山と対戦する決勝進出の最右翼と目されていた（3年連続優勝の力道山は、決勝までシード）。猪木が後年（引退まで）最も得意としたコブラツイストは、ハットンにやられたこの日がルーツ（スタート）であり、猪木自身、このあとの（コブラツイストについて聞かれた）インタビューの中で、それを認めた発言を何度もしていた。コブラツイストについては1966年にアメリカから凱旋帰国し、東京プロレスの旗揚げ戦（10月12日のジョニー・バレンタイン戦）が日本初公開だったが、先輩の吉原功が既に得意技として使っており、それに対する遠慮もあって自粛したことも事実（ただし、猪木が吉原との対戦において、コブラで負けたことはない）。

テーズとの初対決でプロレスラーの何たるかを学ぶ

翌5月2日は長崎国際体育館でマイク・シャープと対戦し、2ラウンド2分27秒に体固めで敗戦。マイクは兄ベンとのコンビで1954年2月に初来日してから8年が経過していたが、年齢的にはまだ40歳で動きには衰えを見せていなかった。ベンは前年に現役を引退してサンフランシスコで実業家に転向しており、この時期のマイクはシングルでロス地区のトップグループに位置していた。

翌5月3日は鹿児島県立体育館でついにルー・テーズと対戦し、1ラウンドの4分45秒に「テーズ式パイルドライバー（当時の呼称。現在のパワーボム）」からの体固めで敗戦。テーズは45歳になっていたが全盛期のスピードをキープしており、ここから7カ月後の1963年1月24日、トロントでバディ・ロジャースを破りNWA世界王座6度目のカムバックに成功している。ちなみにテーズ

プロレス入り前に「『いつかアメリカに渡ってルー・テーズの弟子になる』と考えていた」という猪木は、第4回ワールドリーグ公式戦（5·3鹿児島）でついに憧れのテーズと初対決。わずか5分足らずで敗れるも、シリーズ中のテーズの一挙一動を熱心に観察したことがプロレスラーとしての肥やしになった

は自分の技を「パイルドライバー」と呼称されるのを非常に嫌っていた。「私のあの技はリヴァース・スラムだ。リヴァース・スラムは背中から叩きつけるのでリーガル（合法的）なテクニックだが、パイルドライバーは脳天から落とすイリーガル（非合法）な技だ」と、よく言っていた。猪木はこのテーズとの対戦について当時の『プロレス&ボクシング』誌にコメントを残していたが、「ハットンもそうでしたが、テーズはとにかく動きが速いので、ついていくのに精一杯で、気がついたときは頭から投げられて終わっていました」と語っている。猪木は引退後、ほとんどのインタビューの中で、「私には師匠が3人いた。それは力道山、ルー・テーズ、カール・ゴッチ」と語っていたが、この3人の中ではテーズとの関係性は一番薄かった（というより、他の二人との関係が濃密過ぎたと書くほうが正確）。にもかかわらずテーズの名前を出したのは、この鹿児島における初対戦で受けた衝撃、「これぞプロレスラー」という感動が間違いなく根底にあったのだと思う。

猪木は1975年6月26日、タイガー・ジェット・シンを破り2度目のNWF世界ヘビー級王座に就いた後の初防衛戦（10月9日、蔵前国技館）の相手にテーズを選んだ。テーズは当時既に59歳になっていたが、猪木は「テーズに年齢は関係ない。テーズに勝つことは、自分の中で大きなケジメだ」と主張し、本稿の初対戦で負けたリベンジを、13年後のNWFタイトルマッチでキッチリと実行してみせた。

猪木の「ワールドリーグ公式戦」はこのテーズ戦で終了した（7戦7敗）。当時は「残り全ての公式戦を勝っても、ポイント的に決勝進出は無理」となった段階で公式戦が終わったので、猪木ばかりでなく、大木や他の参加選手にも同様の措置が取られている。以降の猪木は通常の「30分1本勝負」の形でガイジン勢との対戦が組まれ、ハットンとは5月19日の富山市体育館で再戦の機会を与えられた。5分23秒に再びコブラツイストでギブアップ負けしたが、猪木の「コブラツイスト・ヒストリー」の過程では重要なメルクマールだ。

5月25日、東京体育館でワールドリーグ戦の決勝が行われ、力道山が2対1でテーズを破って4

（上・下）第4回ワールドリーグ決勝戦（5・25東京体育館、力道山 vsテーズ）の第7試合（セミファイナル前）で猪木はデューク・ホフマンに3分で敗北。一流外国人勢と肌を合わせた同リーグ戦は、猪木にとって実りの多いシリーズとなった

連覇を達成した（夜8時から生中継）。猪木はセミの前（第7試合）でデューク・ホフマンと30分1本勝負で対戦し、3分18秒にボディスラム3連発からの体固めで敗れている。ホフマンは1932年生まれの30歳で、バッファロー大学のアマレス時代には同じチームにいたドン・バイテルマン（のちのドン・カーチス）と共に多くの大学タイトルを取ったガチンコの強豪で、プロレス入りしたときは本名（ボブ・ライプラー）だったが、AWAに入ってデューク・ホフマンに改名し、ラリー・ヘニングと共に売り出し中だった。このリーグ戦でもミスター・アトミックにフォール勝ち、ブラッシーに反則勝ち、ハットンと時間切れで引き分けるなど実力を発揮して、毎週のようにテレビ中継に登場している。力道山の没後はAWA地区との交流が途絶えたことで来日は一度きりに終わったが、日本プロレスの交流範囲にあったテリトリーにいれば再来日は確実で、馬場、猪木のライバルとしてブレイクしていたと思われる。なお、この日のテレビ生中継はセミ（豊登、東郷対ブラッシー、ヘニング）から始まったので、惜しくもセミ前の猪木対ホフマンは放送ワクに入っていない。

決勝戦が終わりテーズ、ハットン、ブラッシーらの「多忙組」が帰国したあと、オースチン、シャープ、ホフマンが残留し、「選抜戦」の形で7月1日までの長い地方巡業が続けられた。その中の一番大きな会場、大阪府立体育館で猪木はグレート東郷とシングルマッチ（第8試合の30分1本勝負）を組まれ、6分40秒に逆エビ固めでギブアップ負けしている（6月4日）。1911年生まれの東郷は51歳。既に峠は越えていたが、19歳の猪木が金星を挙げるには「敷居が高い」相手だった。そこには当然、「近い将来、アメリカに武者修行に行ったら、この人に世話になるだろうな」的な忖（そん）

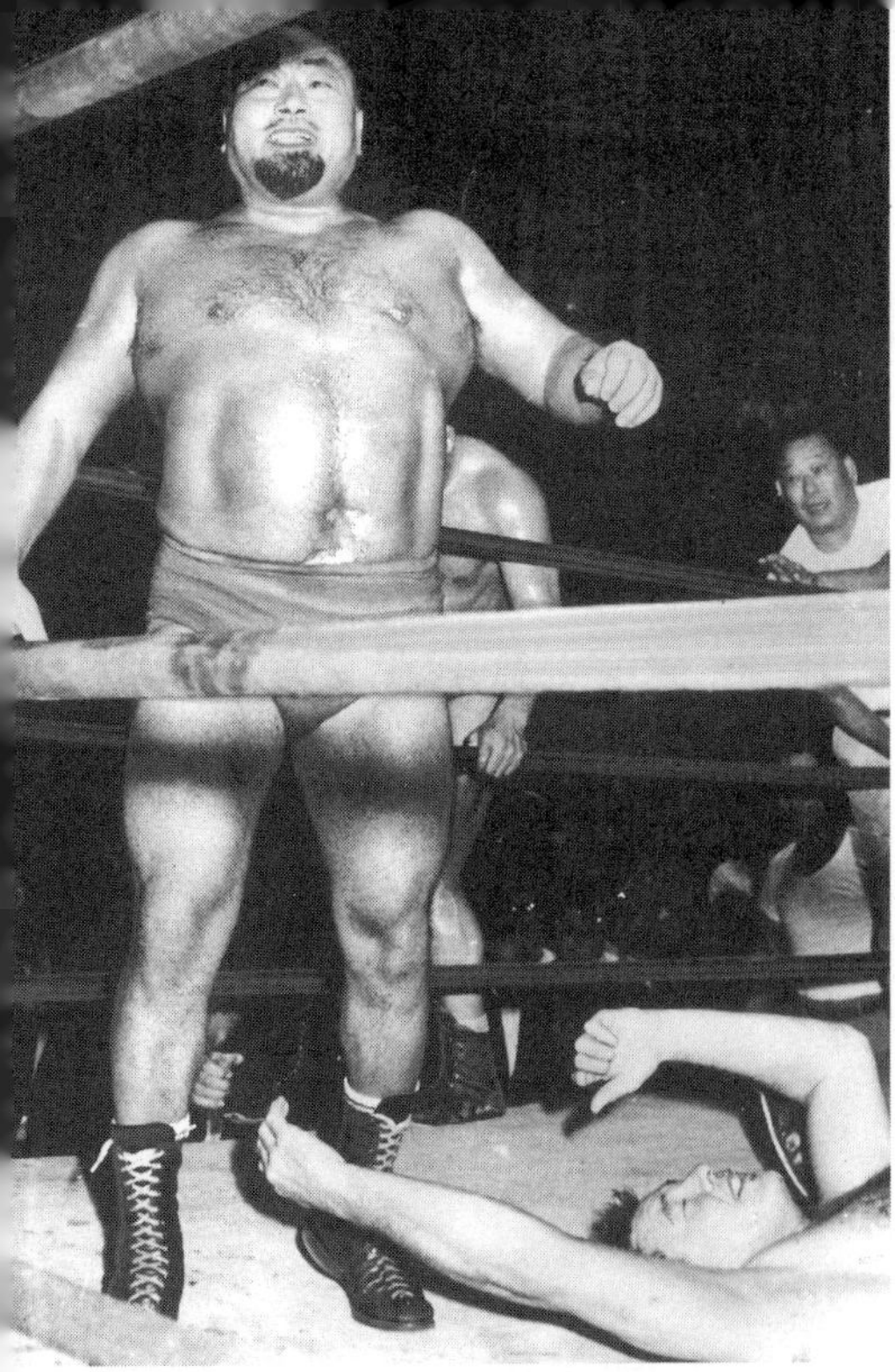

グレート東郷。アメリカマット界屈指のトップヒールで、当時、力道山の片腕、ブッカーとして日本プロレスに外国人選手を送り込んでいた

度も働いただろう。事実、馬場が東郷をマネージャーとして全米マットで活躍する外電が毎日のように報道されていた時期でもあり、力道山の右腕、ブッカーでもあった東郷に勝つことは「格的に」あり得ない話だった。

その東郷マネージの傘下で東部に遠征中だったマンモス鈴木が、6月4日に突然帰国した。馬場、芳の里と共にアメリカに飛び立ったのが前年6月30日だったので、まだ1年も経過していなかった。当時の新聞、雑誌には帰国理由が書かれていなかったが、5月にワシントンDCの試合でアメリカ人の観客を殴って大ケガを負わせてしまい、訴訟になる可能性が高かったため、拘留（ブタ箱行き）を危惧した東郷とフレッド・アトキンス（ロード・マネージャー）が急遽日本に帰した、というのが真相だった。鈴木は6月8日の大阪府枚方パーク大会から巡業に合流したが、力道山の扱いは「まだ帰すタイミングじゃなかったのに、ヘマやりやがって」という感じで冷たかった。猪木は、私が鈴木に

ついて聞いた時、「性格は本当に優しくて、私もリングを降りると仲が良かったんだが、レスリングのほうは、どうしようもなく弱かった」と（爆笑に近い）苦笑をしていた。わずか1年弱とはいえ、「本場アメリカのマットを踏んだ先輩」である。１９６１年9月18日には、ニューヨークMSGでブルーノ・サンマルチノとシングル対戦の実績もある（敗戦だったが）。帰国してから半年くらいは鈴木の勝利が続いたが、翌年中盤からは「先輩、もうそろそろ、俺の本当の実力を見せましょうか」という感じで、20歳の猪

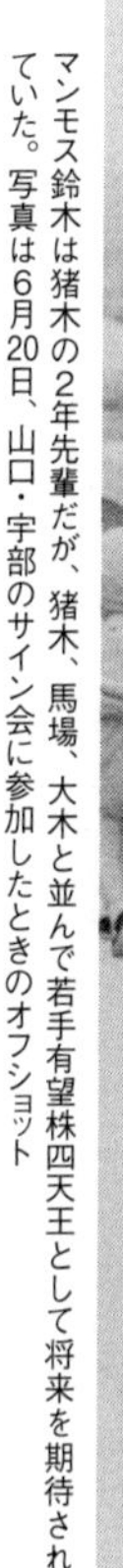
マンモス鈴木は猪木の2年先輩だが、猪木、馬場、大木と並んで若手有望株四天王として将来を期待されていた。写真は6月20日、山口・宇部のサイン会に参加したときのオフショット

木が連戦連勝している。猪木が勝ち始めた１９６３年夏くらいに、力道山から「マンモス鈴木なんて偉そうなリングネームは取り消しだ」と宣告されて「ゴリラ鈴木」に降格の改名をしたが、この仕打ちは惨すぎた。今であれば「パワハラだ」と非難されるだろうが、力道山時代の日本プロレスは全てがパワハラ構造の上に成立、繁栄していた。

もう一つ、鈴木と猪木で思い出すのが、プロレス評論家の先輩だった菊池孝さん（１９３２〜２０１２年）の思い出話だ。

「猪木と豊登が（１９６６年に日本プロレスを離脱して）東京プロレスを旗揚げしたときに、力道山が死ぬ少し前に引退していたマンモス鈴木が豊登に頭を下げて、３年ぶりにプロレスにカムバックしてきた。旗揚げ戦の蔵前国技館（１９６６年10月12日）でジョニー・バレンタインに勝って控室に帰ってきた猪木が、リングシューズのヒモを、マンモスに解かせていたんだよ。俺はそれを見た時、すごい嫌な気持ちになった。猪木ってのは、先輩にヒモを解かせるのか。よりによって、わざわざマンモスにやらせなくたっていいじゃないか、と思った」という述懐だったが、私はその場を想像しながら逆のことを考えていた。すなわち、「猪木はわざと鈴木にヒモを解かせながら、若手時代に苦楽を共にしてきた時代を、二人だけの至近距離で懐かしんでいたのでは？」という可能性である。当然、それを菊池さんに話すことはしなかったが、今でもそう思っている。いずれにせよ、こういう舞台裏の光景は、現場にいないと判断できない。

力道山とまさかの〝一騎打ち〟、外国人に初勝利、「アントニオ猪木」に改名

7月には力道山がロサンゼルスに遠征したため（ブラッシーの挑戦を受けてのWWA世界戦）、興行は（力道山ぬきで）20日と27日にリキパレスで行われたのみで、猪木は前者は平井に勝ち（6分34秒、逆片エビ固め）、後者は遠藤幸吉に敗れている（14分23秒、片腕固め）。遠藤（当時36歳）は力道山、豊登、吉村に次ぐナンバー4の位置にいたので、猪木としては「下剋上」を狙う意味で重要なターゲットではあったが、この段階では勝利を得ていない（反則ではない完全な勝利は、翌1963年12月3日の大阪府立体育館。14分20秒にネックブリーカー・ドロップから体固め）。既に吉村道明ともシングル戦をやって3戦3敗だったので、前述した豊登とのハンディキャップ戦（2月9日）を含めれば「力道山以外の上位選手」と全て対戦していたことになる。

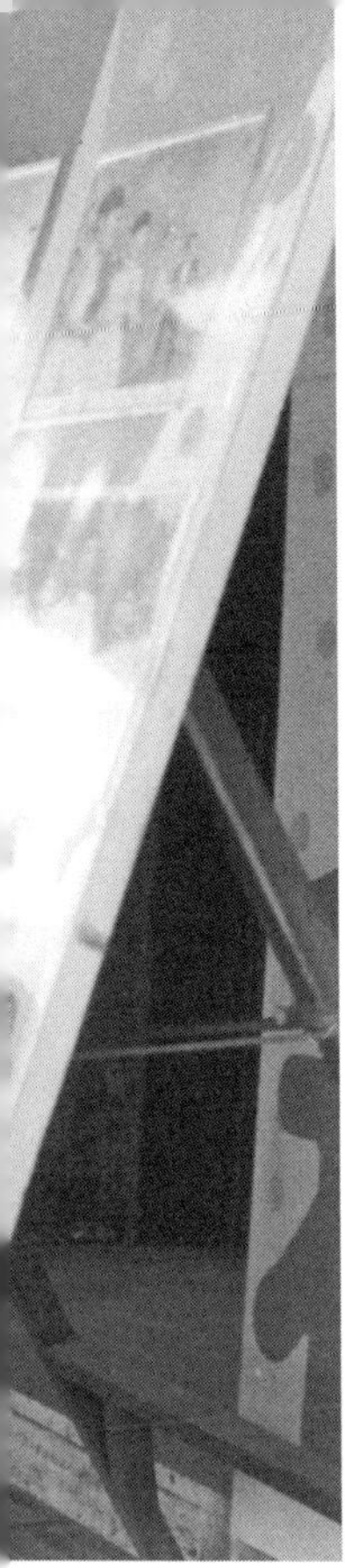

8月27日、仲のよかった林幸一（ミスター林）と渋谷の映画館前で。角界出身の林は59年入門、60年2月5日デビューで猪木の兄弟子格

そして8月18日、「残る最後の一人」師匠・力道山とも、意外な形で対戦することになった。この年の11月7日から、フジテレビで毎週月曜日

(夜7時30分〜8時)に放送が決定していた熱血プロレス漫画の実写ドラマ番組「チャンピオン太(ふとし)」(全26回)の録画収録がリキパレスで行われ、第1回「死神酋長(しゅうちょう)」のハイライト場面で、力道山が猪木扮する悪役インディアン・死神酋長と「実戦さながら」の大激闘をやってのけたからだ。当時5歳だった私は、2歳上の兄がこの番組を毎週熱心に見ていたので、いつも隣で一緒に見ていた。これは明らかに私にとって「プロレスとの初遭遇」だったが、当時は猪木が死神酋長だったことは(当然)わかっていない。の

テレビドラマ（「チャンピオン太」）でまさかの力道山との〝対戦〟が実現！　猪木扮する「死神酋長」が力道山にラフ攻撃を仕掛け、力道山から空手チョップで大反撃を受けるというド迫力のファイトシーンが撮影・放映された

ちに収録の現場に立ち会った梶原一騎氏（この作品の原作者）が「ものすごい迫力。力道山が猪木を殺してしまうのではないか、と思った」と書いているように、今見ても壮絶な肉弾戦だ（「チャンピオン太」は平成に入って何度もCSで再放送されていたので、ご覧になった方も多いだろう）。肩口と胸板に空手チョップを何発も叩き込まれた猪木は完全にKOされたが、内心「先生、これはテレビ番組ですよ。いい加減にしてください」というのが本音だったろう。

9月14日、東京体育館から秋の陣が開幕し、ここにはスカル・マーフィ、ムース・ショーラック、ゴリラ・マコニー、アート・マハリックの4選手が参加したが、開幕戦から大アクシデントが勃発する。メインのアジアタッグ選手権（力道山、豊登対マーフィ、マコニー）に乱入したショーラックが、場外のエプロン下で力道山にジャンピング・ボディプレスを見舞って右胸鎖関節亜脱臼の重傷（全治4週間）を負わせてしまったのだ。力道山がこのあとの3興行（9月15～18日）を欠場しなければならない大ケガ（復帰後もプロテクター着用で連日6人タッグ。キック攻撃のみ可能）で、力道山の付き人だった猪木は、自分の試合そっちのけで力道山のケアに時間を取られることとなった。

スカル・マーフィ（1930～1970年）はこのときが初来日だったが、コーナー最上段からのニードロップは切れ味抜群で、全米どこへ行ってもトップを取っていた実力者ぶりを存分に発揮した。猪木は10月20日、熊本市水前寺体育館で対戦の機会を与えられ（第8試合、セミの前）、12分0秒にニードロップからの体固めで敗れている。猪木の記念すべき「ガイジン選手からの勝利」もこのシリーズで、10月24日、宮崎県延岡市浜御殿特設リングでゴリラ・マコニーと対戦した猪木

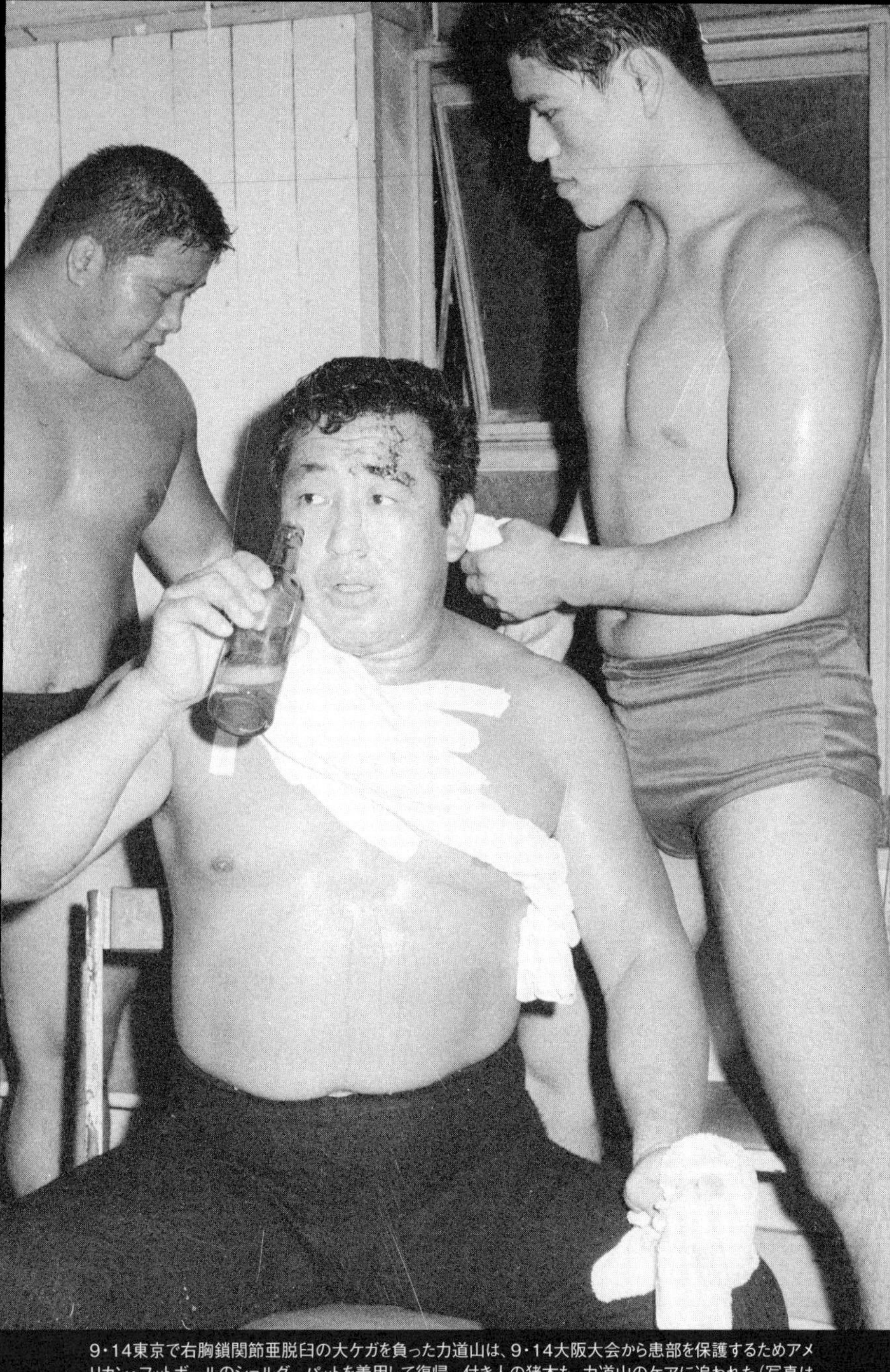

9・14東京で右胸鎖関節亜脱臼の大ケガを負った力道山は、9・14大阪大会から患部を保護するためアメリカン・フットボールのショルダーパットを着用して復帰。付き人の猪木も、力道山のケアに追われた（写真は10・5札幌）

脱臼を押して戦う力道山の右腕をマッサージする猪木（10・5札幌）

は、4分15秒に逆エビ固めでギブアップ勝ちを奪っている。１９１７年生まれのマコニーはこのとき45歳だったが、全身剛毛に覆われた怪奇派的キャラクターでビジュアル的に映えたため、毎週のようにテレビに登場している。猪木とはシリーズ中に3度対戦し、1勝2敗。やはり26歳の年齢差からくるスタミナの差はいかんともしがたく、猪木は若さでマコニーのパワーを完封した。

このシリーズは終盤戦の11月5日から9日まで沖縄遠征が組まれたが、2大会目の11月7日、名護町立グラウンド特設リング（大木金太郎と20分時間切れ引き分け）から、リングネームをそれまでの「猪木完至」から「アントニオ猪木」に変えている。１９６０年の稿にも書いたように、猪木はブラジルから帰国した直後にも周囲から「アントニオ」と呼ばれていた時期があったようで、この改名は唐突なチェンジではなく、「そろそろ中堅からメインの仲間入りを果たしてきたから、カタカナのリングネームに」という雰囲気から自然に実現したもので、大相撲で言えば「三役に上がったのを機に、本名からシコ名を変えた」的なニュアンスだったと書いてよいと思う。中堅、若手のリングネームは豊登の「専任事項」だったから、このアントニオも豊登の決定だったとみて間違いない。

11月23日からの年末興行にはジェス・オルテガ（2度目の来日）が来日し、残留したアート・マハリックとのタッグで毎週テレビに登場。ガイジン選手が二人だったために猪木が対戦する機会は与えられず、猪木は日本人選手との対戦に終始した。その中で注目されるのは11月30日のリキパレスで、第7試合（セミの二つ前）で吉村道明と組んだ猪木は、30分1本勝負で大木金太郎、マンモス鈴木と時間切れで引き分けている。この時期になると猪木と大木のシングル対戦はほとんどが時

（上）スカル・マーフィ。坊主頭とシューズのドクロが不気味だ　（下）ゴリラ・マコニー。猪木が初めて勝利を奪った外国人だ

（上）10月～11月頃、巡業中のひとコマ。猪木完至は11月7日からリングネームを「アントニオ猪木」に改めた。写真奥はマンモス鈴木、右は松岡正夫（巌鉄）（下）賞金を賭けた「東スポ杯」で平井に体固めで勝利（12・21リキパレス）

（右）12月28日、赤坂の合宿所（力道山道場）で恒例の「餅つき」が行われた。餅をついているのが猪木、猪木の右が田中政克（忠治）。左端は北沢幹之と上田馬之助、右端は星野健夫（勘太郎、61年入門）

間切れ引き分けで、このタッグマッチでもライバル意識を剥き出しにした好ファイトを繰り広げた。12月の興行は金曜日のリキパレス（テレビ収録）のみ（7日、21日、28日）で、猪木は7日と21日は平井に勝ち、28日は10人参加のバトルロイヤルに出場している（決勝には残れず、最後は豊登とオルテガが場外乱闘で両者リングアウト、優勝者ナシ）。28日の昼には赤坂の合宿所前の広場で「餅つき」が行われ、新春シリーズに残留が決定していたオルテガも参加。猪木、大木、上田、北沢、松岡（正夫＝巌鉄）、（ミスター）珍、田中（政克）、平野（岩吉）、本間（和夫）、木戸（時夫）、星野、林（牛之助）らの合宿所メンバーも勢ぞろいして、近所の住民や押し寄せたファンに「つきたての餅」を振る舞った。

　猪木にとって充実した十代最後の年の瀬が暮れ、いよいよ激動の年を迎える。

つきたての餅を食べる猪木
(12月28日、餅つき)

1963年（昭和38年）

馬場出世、渡米白紙、力道山死去…不安と戦う日々

「ザボー流スープレックス」との出会い〜アントニオ・ドライバーの原点

力道山最後の年となる1963年は、1月4日のリキパレスで開幕（テレビ生中継）。猪木は第8試合（セミの前）で長沢秀幸に快勝（5分32秒、逆エビ固め）し、幸先の良いスタートを切った。2週間後の1月18日には、同じくリキパレスでライバルの大木金太郎と対戦し、20分時間切れ引き分け。マンモス鈴木が帰国したことで「アメリカ武者修行枠」が空いた形になったため、猪木と大木の対戦は常に「次期渡米候補対決」との見方がされ、両人ともそれを意識したことで必然的に熾烈な好勝負となった。当然、そのあたりは力道山が計算済みであり、このカード（猪木対大木）は、前座第1試合からメインに至る「ワン・パッケージ・ショー」の要（かなめ）の位置を形成する役目を果たしていたと言えるだろう。

（上）猪木vs大木のライバル対決は日プロの名物カードとなっていた（写真は1・18リキパレス＝20分時間切れ引き分け）（下）巡業中の力道山を護衛する大木

ジ・エクスキューシュナー。1963年当時56歳ながら猪木に勝利

来日していたガイジン部隊との対決としては、1月24日に東京・台東体育館で覆面のジ・エクスキュースナーとセミの45分3本勝負で対戦。セミのポジションでガイジン選手と3本勝負が組まれるのはこれが初めてのことで、猪木の急成長ぶりが証明されている。エクスキューシュナーの正体は１９０６年6月12日生まれのアンドレ・アドレー（当時56歳）。１９５１年9月、「シュライナース・クラブ」の招きにより日本で初めてプロレス興行が開催されたときのメンバーの一人（この興行を見た力道山が、プロレス転向を決意。10月30日にデビュー）だったが、それから12年が経過して上半身の肉体は衰えており、観客の多くは「19歳の猪木が勝って当然だろう」という見方をした。1本目は10分33秒、猪木が逆片エビ固めで先制。2本目はエクスキューシュナーが18分16秒にエビ固めでタイスコアとし、3本目も猪木のボディスラムを切り返して3分24秒に首固めで辛勝している。だが、この初戦は猪木が「老雄に花を持たせた」だけの話であり、1月31日の兵庫・尼崎市立体育館と2月2日の神奈川・横須賀市久里浜体育館では共に2対1でリベンジしている。この時点でアンドレ・アドレーは「来日したガイジン・レスラーの中で最高齢」だったが（2番目は同じく１９０６年生まれで、１９５５年7月に49歳で来日した

ハーディ・クルスカンプ）、すぐあとの3月に来日したサンダー・ザボー（1906年1月4日生まれの57歳）に抜かれる。世の中全体が現在のような高齢化が進んでおらず、50歳を超えてリングに上がるレスラーはまだまだ少数だったが、それにしても19歳のアントニオ猪木を「30歳以上も年上のベテラン」と対戦させる必然性はなかったように感じる。

3月22日から5月17日にかけて「第5回ワールドリーグ戦」が開催され、この年もキラー・コワルスキー、パット・オコーナー、カウボーイ・ボブ・エリス、ヘイスタック・カルホーン、フレッド・アトキンス、キラーX（フランク・タウンゼント）、サンダー・ザボー、ジノ・マレラという8人の超豪華メンバーが招聘された。日本陣営は力道山（決勝戦までシード）、豊登、吉村道明、遠藤幸吉、ジャイアント馬場、アントニオ猪木、大木金太郎、マンモス鈴木、グレート東郷の9選手で、2月20日に20歳になったばかりの猪木としては、前年に続いて全員が「格上」という感じのリーグ戦になった。

3月17日、アメリカで大いに名を売った馬場を伴って力道山が帰国（羽田空港）。馬場に対する期待の高さをうかがわせた

何と言っても注目のマトになったのは、3月17日に2年ぶりのアメリカ遠征から凱旋帰国した馬場だった。馬場はロサンゼルスで力道山と合流し、同じ便で3月17日に羽田空港に帰国して記者会見を行ったので、力道山の

付き人として（会見場の隅から）「馬場の晴れ姿」を眺めていた猪木の心情（ジェラシー）がいかばかりだったか推察できる。

3月22日のワールドリーグ戦前夜祭（リキパレス）でキラーXと「エキシビションの5分1本勝負」を時間切れで引き分けた猪木は、翌23日の蔵前国技館で早くもサンダー・ザボーと公式戦（8分3ラウンド1本勝負）で対戦した。前述したようにザボーは57歳の高齢でスタミナに問題があったが、そこはさすがに元世界王者（旧NWAで1940年代に2度王座を奪取）の貫禄を見せ、3ラウンド目の2分0秒、豪快なスープレックス（当時アメリカではジャイアント・スイングと呼称）からの体固めで猪木を仕留めている。このザボー流スープレックス

（右上）アメリカでスターとなった馬場、半歩先を行く大木を傍らに、猪木の心情は穏やかではなかった（写真は3月20日の練習風景）（下）前年に続いて「第5回ワールドリーグ戦」に出場。写真は3・22リキパレスの前夜祭。猪木は「猪木完至」のタスキをかけている

3・23蔵前（ワールドリーグ開幕戦）の公式戦でサンダー・ザボーと対戦。フロント・ネック・チャンスリーを食らって完敗した

4・2高知でジノ・マレラ（ゴリラ・モンスーン）に敗北

（いわゆるフロント・ネック・チャンスリー）を体得した猪木は、3年後に「アントニオ・ドライバー」として自らの切り札としたが、ここで元祖・本家であるザボーの一発を食らった経験は、後の大きな財産になった。

3月27日には名古屋・金山体育館で馬場の師匠であるフレッド・アトキンスに敗れ（2ラウンド2分16秒、逆エビ固め）、4月2日には高知県民ホールでジノ・マレラに体固めで連敗（2ラウンド2分50秒）。このあとアメリカに帰国してすぐ、「ゴリラ・モンスーン」と改名して大ブレイクを果たすマレラ（当時26歳）は伸び盛りで、まだ猪木にとって金星を奪える段階になかった。この6年後の1969年4月、猪木は「第11回ワールドリーグ戦」でモンスーンをジャックナイフからのエビ固めで破り雪辱しているが、150キロを超し、しかも大学アマレス選手権で常に上

〝人間空母〟〝お化けカボチャ〟ヘイスタック・カルホーンは63年3月の「第5回ワールドリーグ戦」に28歳で初来日。273キロの超巨体で観客のド肝を抜いた

位にいたモンスーンのパワーとテクニックに対抗できるレスラーは、全米広しといえど数えるほどしかいない時期だった。

4月13日には鹿児島県立体育館でヘイスタック・カルホーンと対戦し、1ラウンド2分49秒で〝圧殺〟され完敗。櫻井康雄さんの証言によれば、この初来日時のカルホーンは「公称通り」の273キロあったそうだが、ジャンプしてのボディプレスを食ったら絶対にカウント・スリーを免れる術はなく、力道山のインターナショナル選手権挑戦（4月17日、沖縄・那覇）が決まっていたカルホーンの前に、猪木は完全な「噛ませ犬」となった形だ。

翌4月14日の沖縄・宮古島ではパット・オコーナーと対戦し、1ラウンド5分31秒にエビ固め（後方回転エビ固め）で敗れている。1959年1月から1961年6月までNWA世界ヘビー級王者だったオコーナーは当時38歳で、まだまだ全盛期の実力をキープしており、これまた24日の大阪府立体育館で力道山のインターナショナル王座に挑戦している(1対2で敗戦)。オコーナーは猪木の実力を高く買ったのか、21日の広島県立体育館でもセミファイナル45分3本勝負で再戦のチャンスが与えられ、ここもストレートでオコーナーが猪木を破っている（1本目は12分23秒に股裂き、2本目は5分54秒に後方回転エビ固め）。のちに馬場が全日本プロレスを旗揚げしたあとは「全

元NWA世界王者パット・オコーナーは、のちに馬場と深い関係を築いた（写真は3・23蔵前の6人タッグマッチで馬場と戦うオコーナー）

日本のポリスマン」（「ポリスマン」とは、プロレス界の隠語で、道場破りに遭うなど有事の事態に対処する腕っぷし、用心棒役）として「新日本のポリスマン・ゴッチ」に対抗する役目を背負わされたオコーナーだったが、柔軟な体躯を利してのスピーディな連続技は芸術とも言える達人の域にあり、このリーグ戦における存在感と実績が、のちに馬場が「対・猪木戦略の一環」として重用する礎になったと思われる。オコーナーと猪木は翌1964年の猪木の初渡米時、カンザス地区でも何度かタッグで対戦しているが、関係としてはそれで終わっている。私は、猪木にカンザス時代の相手としてパット・オコーナーの名前を振り「反応」を見たことがあったが、それに対してのリアクションはなく、「猪木にとっては、特に印象として残っているレスラーではなかったんだな」という感触を得た。

猪木はリーグ戦のガイジン・エースだったキラー・コワルスキーとはリーグ戦を戦う機会を与えられていなかったが、これは本人にとって非常に残念だったと思われる。というのは、日本プロレス入門当初の雑誌、新聞で、猪木は「写真で見ただけですが、キラー・コワルスキーの素晴らしい体には憧れます」というコメントを何回かしていたからだ。のちに、両手を前に置いて相手を捉えようとする

キラー・コワルスキーのポーズ写真。右が1950年のデビュー直後、左が1963年の来日時。猪木お得意のポーズに酷似している。もともとコワルスキーに憧れていたという猪木のポーズは、これにインスパイアされたものか!?（105ページの写真参照）

得意のポーズも、ひょっとしたらコワルスキーを模倣したのかもしれないが、とにかくリーグ戦本番で一番対戦したかったのがコワルスキーだったことは間違いない。馬場が開幕第2戦（3月24日、蔵前国技館）で45分3本勝負で対戦し、両者ノーフォールで45分フルタイム引き分けた試合（馬場の出世試合として語り継がれる）を見ていただけに、猪木の中では「馬場さんとの比較で、俺がコワルスキー相手にどこまでやれるか」も試してみたかっただろう。

5度のシングル対決に垣間見える豊登の親心

その馬場と猪木はリーグ戦期間中の4月25日に兵庫県豊岡市総合グラウンドでシングル対戦し、12分3秒に馬場がニードロップ連発で猪木を体固めで破っている。この馬場と猪木のシングルマッチは「馬場が凱旋帰国してから」は初めてだったが、馬場がアメリカに行く前の1961年5月から6月にかけて前座で6回戦っており（馬場が全勝）、これが7度目の対戦だった。アメリカ遠征でトップ・レスラーの座を獲得した馬場にとって、同期入門とはいえ「日本国内に留まっていた」猪木との対戦では完勝が求められた。

この豊岡大会以降、10月5日に馬場が再渡米するまで計10回の対戦があったが、馬場の全勝に終わっている。

7月19日（リキパレス）馬場（17分21秒　体固め）猪木

7月28日（静岡・三嶋大社特設リング）馬場（2－1）猪木　①馬場（9分20秒　体固め）②猪木（4分56秒　体固め）

沖縄・那覇巡業の合間をぬって「ひめゆりの塔」に献花する猪木と馬場（4月17日）

③馬場（4分51秒　体固め）
8月3日（大阪・岸和田市港広場）　馬場（2－1）猪木　①馬場（10分27秒　体固め）②猪木（5分15秒　体固め）③馬場（1分22秒　体固め）
8月9日（東京・足立区体育館）　馬場（10分26秒　体固め）猪木
8月16日（リキパレス）　馬場（2－0）猪木　①馬場（11分45秒　体固め）②馬場（4分8秒　体固め）
9月4日（愛知・刈谷市営球場）　馬場（2－1）猪木　①馬場（12分6秒　体固め）②猪木（2分18秒　体固め）③馬場（2分48秒　体固め）
9月24日（秋田・大曲市営競技場）　馬場（14分5秒　体固め）猪木
9月28日（福島県営体育館）　馬場（11分55秒　体固め）猪木
10月2日（栃木・足利市月見ヶ丘体育館）　馬場（12分0秒　体固め）猪木

全ての試合が試合内容つきで報道されているわけではないが、残されている新聞記事によると馬場がフォールしたときのフィニッシュはヤシの実割りかニードロップ、猪木のフォール（3度）はドロップキックかネックブリーカー・ドロップが決め技になっている。上記の対戦の中で唯一、新聞のラテ欄に「馬場対猪木」の記述があるのは8月16日のリキパレス（夜8時から生中継）だが、この試合はセミファイナルで行われたので、中継枠に入った可能性はある。私はこの試合が放送されたか、否かについて過去に多くの関係者や年長マニアに聞いたが、誰も正確には記憶していなかっ

道場で汗を流す猪木と馬場（5月30日）

63年当時は豊登と馬場の対戦はなし。翌64年4月からは十番勝負をスタート（写真は64年以降のアジアタッグ王者時代）

た。メインが力道山、豊登、吉村対ドン・ジャーディン、サニー・マイヤース、ミスター・ゼロ（ジャック・ウィルソン）というカードで、試合記録を見ると40分近いロングマッチだったので、馬場・猪木戦は「放送開始前に終わった」可能性が高いような気がするのだが、いずれにせよ日本テレビのアーカイブには残っておらず（確認済み）、「動画の馬場対猪木」は残念ながら存在していない。

この試合が残されていたら「究極のお宝映像」なのだが、プロレス貴重映像というのは、なかなかマニアの思うようには保存されていないものである。

話をワールドリーグ戦期間中に戻すと、猪木は馬場のみならず、ここで豊登とも初のシングルマッチをやっている。ちなみに、力道山が亡くなるまでの間、豊登はシングルで一度も馬場とは対戦していない（タッグでは1963年5月31日、リキパレスで対戦。馬場はゴリラ鈴木、豊登は大木と組んでの45分3本勝負で、豊登組が2対1で勝利。馬場と豊登は互いにフォールは取り合わず）。馬場の場合は1961年7月から1963年3月まで（第1次）米国武者修行に出ていたので、猪木に比較すると日本における試合数そのものも少ないのだが、それでも馬場は「豊登、力道山以外の上位レスラー（吉村、芳の里、遠藤、大木、猪木）」とは全員、シングルで対戦している。一回目の凱旋帰国後、つまり1963年3月から、10月に二度目の遠征に旅立つまでの7カ月間においては、三番手の吉村、四番手の遠藤と何度もシングルで対戦しており、吉村には勝っていないが（引き分けはあり）、遠藤には何度も2フォール奪って勝っている。

この時期の豊登は〝蒸発〟もなく常時、巡業に参加していたので、「豊登・馬場戦」を実現させようと思えばチャンスはいくらでもあったわけだが、力道山は敢えてナンバー・ツーの豊登と馬場を当てていない。一方、豊登と猪木は5回もシングル対戦がある。準エースの豊登が中堅日本人レスラーに胸を貸す理由は全くなかった。会場に来た観客も「あれ？　今日は、なんで豊登はガイジンとやらずに、同じ日本人の猪木とやるんだろう？」と不思議な、そして残念な気持ちだったろう。当時の観客からすると、力道山の（ガイジン相手の）シングルマッチが組まれれば最高だが、「タッグマッチであれば力道山、豊登組を見たい」との希望が大多数だったからだ。正直、当時の猪木（20歳）では豊登（32歳）の相手としては完全な〝役不足〟、観客からすれば「なあんだ、つまんないカードだなあ」的な〝ミスマッチ〟だった。

5月2日（秋田市山王体育館）豊登（12分44秒　体固め）猪木
7月12日（リキパレス）豊登（2－0）猪木　①豊登（12分0秒　逆エビ固め）②豊登（0分28秒　レフェリーストップ）
11月22日（リキパレス）豊登（8分56秒　体固め）猪木

12月1日（栃木・宇都宮スポーツセンター） 豊登（10分55秒 エビ固め）猪木
12月5日（名古屋・金山体育館） 豊登（8分13秒 逆エビ固め）猪木

猪木は当時の状況を述懐し、「毎日、力道山に、理由もなく頭を何回も殴られていた。絶対に辞めてやろうと何回も思ったが、その都度、豊登さんに説得されて思いとどまった」と言った。力道山の理不尽な鉄拳を至近距離で見ていた豊登は、「このままでは、完至は本当に辞めてしまう」と直感し、猪木とのシングル戦を（力道山本人に）申し出て実現させたのだろう。力道山に殴られて涙する猪木に対し、「もうちょっとの辛抱だ。我慢しろ」と何度も慰めたというが、兄貴分の豊登には「優しい言葉よりも、リング上で叩きのめすのが何よりの激励になる」という直感も働いたに違いない。このあたりの直感は大相撲の荒っぽい慣習（かわいがり）を実体験した豊登ならではであり、若き猪木の廃業ピンチを救った殊勲甲と言える。「完至、お前は少し天狗になっていないか？悔しければワシに勝ってみろ。この程度の実力で、力さんの付き人に不平をこぼすくらいなら、辞めてしまえ」との〝愛のムチ〟が、この5回に及ぶ異色のシングルマッチ記録から浮き彫りにされているような気がする。

マイヤースに目をかけられ、渡米の夢がふくらむ

「第5回ワールドリーグ戦」（5月17日に決勝。力道山がコワルスキーを破って5年連続優勝）と、

道場で北沢、大熊、ユセフ・トルコらと（5月30日）

黙々と体を鍛える猪木。それを見守る大熊（5月30日、道場）

6月7日、力道山が新婚旅行に出発する直前、リキパレスで「力道山結婚祝い特別興行」が開催された。日本人14人参加のバトルロイヤルが行われ、猪木もハッスル。写真の中央に猪木、馬場の姿がある。力道山はレフェリーを務めた（右端）

それに続いて開催されたザ・デストロイヤー特別参加の追撃戦シリーズ（5月19日〜24日、記念すべきデストロイヤーの初来日）が終了したあとは、ガイジンの招聘をせず本格的なシリーズが組まれなかった。興行としては毎週金曜日のテレビ中継枠を埋める「リキパレス」だけとなり、実質的には7月12日まで長いオフとなる。

力道山は6月5日にホテル・オークラで田中敬子さんと結婚式を挙げ、6月7日から7月3日まで新婚旅行に行ったため不在となったが、羽田空港を出発する日の夜には、リキパレスで興行が行われ、力道山をレフェリーに迎えた「日本人だけによるバトルロイヤル」が組まれた。この日は金曜日だったので当然、日本テレビから生中継。出場した日本人主要選手は全員「よーし、テレビに映るぞ！　いいところを見せる絶好のチャンスだ！」とば

6月7日のバトルロイヤルは、最後は猪木と大木の一騎打ちとなり、逆片エビ固めで猪木が惜敗。写真の右端が猪木。中央奥に吉原、手前に大木の姿も

かり異様にハッスル（豊登のみ欠場）。出場メンバーは遠藤、吉村、馬場、大木、猪木、平井、吉原、（ユセフ・）トルコ、（マンモス）鈴木、長沢（秀幸）、田中（米太郎）、駒（角太郎＝マシオ駒）、大坪（清隆）、松岡の14選手だったが、最後の二人に残ったのは大木と猪木で、42分28秒に大木が逆片エビ固めで猪木をギブアップさせ師匠の力道山から感激の勝ち名乗りを受けた（ただしテレビ生中継は、フィニッシュ前で放送時間切れ）。

このバトルロイヤルは、実は猪木にとって1カ月ぶりのカムバック戦だった。猪木は5月5日、札幌中島スポーツセンターの遠藤戦でドロップキックを自爆したときに背骨と腰を痛め、1カ月以上の欠場を余儀なくされていた。猪木は2010年に「腰椎すべり症」の手術を受けたが、このときのマスコミ・インタビューで「20歳のときに試合で痛めたの

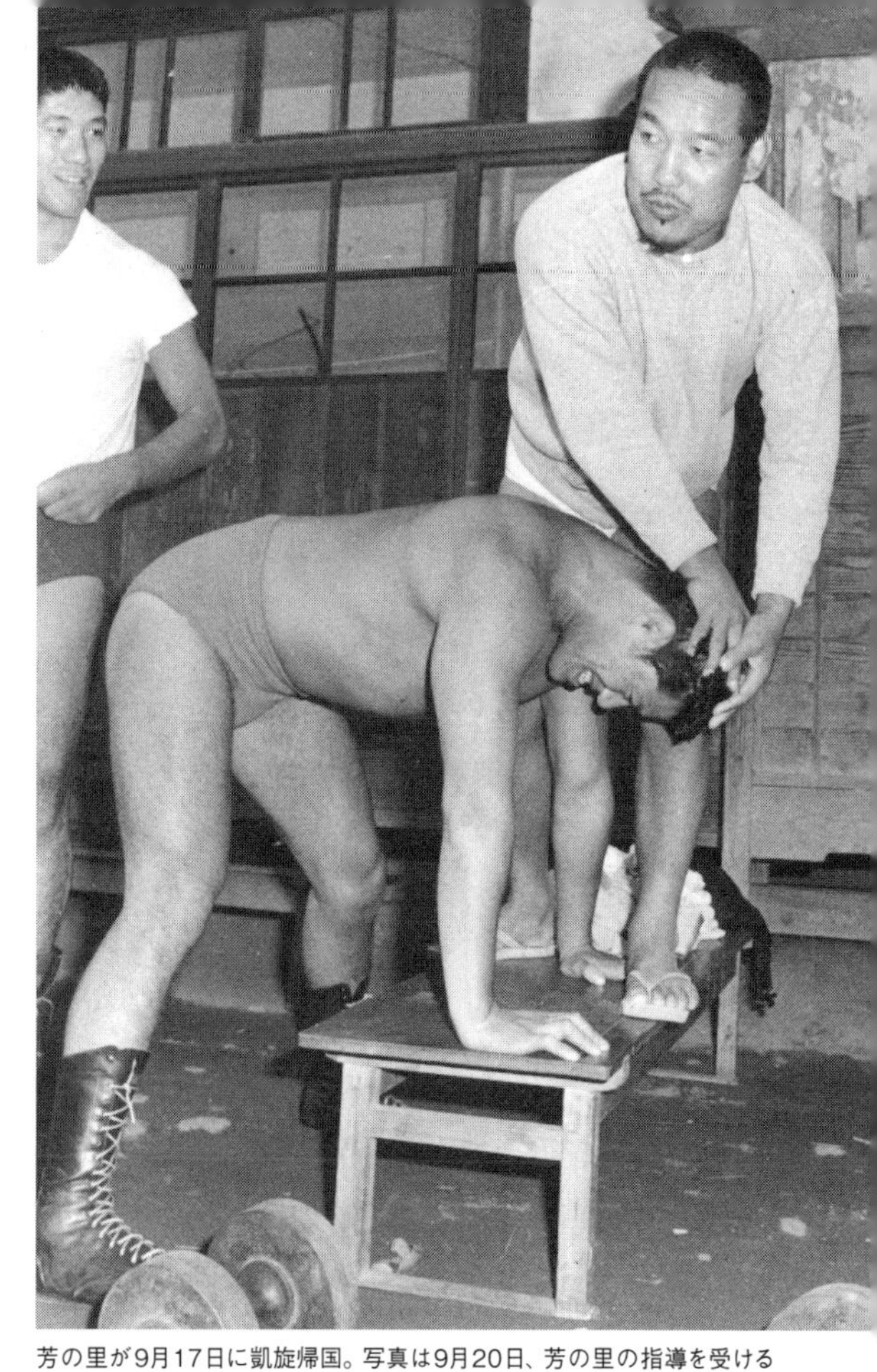

芳の里が9月17日に凱旋帰国。写真は9月20日、芳の里の指導を受ける猪木。馬場は再渡米（10月5日）直前だった

が最初で、それが完治しないまま古傷になって、この年になって手術が必要になった」と語っていたが、この負傷したのが札幌の試合である。私がＤＶＤ収録でインタビューしたときは「あの背骨のケガがなかったら、遅くとも秋にはアメリカ修行に出してもらえていたと思う。大木さんが先にアメリカに行ったが、たぶん、自分の代わりだった」と悔しそうに話してくれたが、猪木にとっては無念の負傷だったことが容易にうかがい知れた。

この時期の日本プロレスには、６月７日の特別バトルロイヤルに出場したメンバー以外にも上田、林、星野、本間、平野、北沢、大熊、（ミスター）鈴木（＝マティ鈴木）、谷口（豊）らの錚々たるメンバーが所属しており（小鹿信也〈＝グレート小鹿〉は入門したばかりで、まだデビュー戦を行う前。山本小鉄も同様）、仮に力道山が不在でも、日本人選手だけで十分に興行が打てる陣容を誇っていた。新婚旅行（欧州と北米）を楽しみながら、力道山に「ワシもそろそろ引退できるかな？後継者は誰にしようかな？」みたいな気持ちが横切ったと思われる。

9月17日には2年間のアメリカ武者修行を終えた芳の里（当時35歳）が帰国したため、日本側における猪木の順位はワンランク下げられた感があった。招聘されていたガイジン選手が少なかったため、「ワールドリーグ戦」期間中のように頻繁にガイジン戦が組まれる状況ではなかったが、それでもバディ・オースチン（10月3日、長野・松本市県営体育館）、イリオ・デ・パウロ（10月5日、長野・飯山市城北体育館）、ハードボイルド・ハガティ（10月11日、滋賀・大津市皇子山体育館）、ブルドッグ・リー・ヘニング（10月12日、和歌山市本町公園）の大物どころ4人と対戦が組まれた。いずれも猪木は敗れたが、4試合とも「セミの前」に組まれており、馬場が（10月5日に）再渡米、大木が9月4日に初渡米したあとは「力道山、豊登、吉村、芳の里、遠藤に続く6番手」の座を不動のものにしている。

秋の陣に来日したガイジン選手の中で、のちに最も猪木と深い関係を持ったという点で忘れてならないのは〝カンザスの砂嵐〟サニー・マイヤース（１９２４～２００７年）だ。この時は2度目の来日で、ガイジン勢のリーダー的存在として連日メインに登場していたが、猪木に対して「ぜひ、アメリカに来なさい。私が面倒を見る」的なコメントをしたとされている。具体的にどのようなスカウトを行ったのかについては、翌１９６４年3月3日付の東京スポーツに「猪木、マイヤースに

サニー・マイヤース。1963年から猪木に目をかけていた

弟子入り」という見出しの大きな記事があるので、それを一部引用してみる。

「去年の秋にマイヤースさんが日本に来た時に、力道山先生に直接、私を預かりたい、みたいな話をされたみたいです。私としては非常に光栄な話ですごく嬉しかったんですが、馬場さんと大木さんが渡米したばかりで、日本人の選手層が薄かったので、先生としては断るしかなかったと聞きました。マイヤースさんは帰国する前に、私に自宅や事務所の住所、電話番号を残してくれたので、ロスのミスター・モトさん経由で、今、私が渡米したあとにカンザス地区に入れるかどうか、状況を聞いてもらっているところです。地図で見るとカンザス地区はセントルイスに近い。NWA世界チャンピオンのルー・テーズは、毎月のようにセントルイスに来て防衛戦をやっている。もちろん、修行を積んで実力をつけてからですが、私にも世界挑戦という大きなチャンスができるかもしれない」

このあと東京プロレス旗揚げに至る過程で、再びマイヤースの名前が頻繁に出てくる。重複は避けるが、いずれにせよ、この1963年秋にマイヤースが来日したことは「猪木ヒストリー」の中で非常に大きなマイレージとなった。

力道山追悼興行で猪木の名が一気に全国区に

ザ・デストロイヤー、キラー・オースチン、イリオ・デ・パウロの3人が参戦した年末シリーズは12月7日、静岡・浜松市体育館で最終戦を終え、力道山は夜行列車で東京に戻った。力道山は赤坂の自宅マンションで仮眠を取ったあと、昼過ぎから在京幹部社員を集めて円卓会議を開き、年末の「デストロイヤー・シリーズ」の総決算と今後の方針を協議。そのあと夕方から大相撲の高砂親方（元横綱の前田山）とアポイントがあったために赤坂の料亭「千代新」に赴いたが、いったん浜松から合宿所に戻っていた猪木は、夕方から、この千代新に同行を命じられた。

宴会が終わる間際の午後8時半ごろ、1階の出入り口付近で待機していた猪木は、2階の力道山に「上がってこい」と指示を受ける。その席で猪木を見た高砂親方が「リキさん、こいつは、いい顔をしてるなあ！」と言ったとき、力道山がすかさず喜色満面で「そうだろう！」と返したことは有名なエピソードで、猪木は後年「あれで随分、救われた気持ちがした。それまで何度もやめようと思ったり、力道山先生を憎んだことがあったが、あの一言で全て水に流せた」というニュアンスの述懐をしているが、こういう超・ドラマチックな場面を手繰り寄せられるところが、いかにも猪木らしい強運だと感じる。この場面がなかったなら、猪木はその後、最終的には亡くなるまでの長い期間、力道山を「師匠」として尊敬することは出来なかっただろうと思う。それほどの「フェイタル・ウォーターシェッド（運命の分水嶺、分岐点）」がここだった。おそらく、この高砂親方発言のあと猪木はタクシーを拾い、千代新から力道山を送り出したところで「付き人のお役御免」と

付き人として仕えた偉大な師匠・力道山は
1963年12月、突如帰らぬ人となった

なり合宿所に戻ったと想像されるが、その約3時間後、合宿所の電話に入った「先生が刺されたらしい」という一報で叩き起こされ、平井、田中米太郎らと一緒に赤坂の山王病院に直行している。

このあと猪木は、力道山が息を引き取る12月15日の午後9時50分まで、病室と合宿所を何度も往復していたようだ。後年の述懐で最も生々しいのは「力道山が解剖されるときの様子を、違う部屋から見ていた」というクダリだ。「確か私は2階の先生の病室にいて、片付けか何かしていたと思うが、1階の別な診察室で先生の腹部がメスで解剖されるところを見た。普通の人ならば見えない角度だが、私は背が高いから自然に見えてしまった。あのとき、『ああ、あんなに強かった人が、こうも呆気なく死ぬものなのか。人間の命なんて、なんて儚いものなのか』と思った。一緒にこの光景を目にしていた田中米太郎も、背伸びして見ていたが、すぐに気絶してしまった」というニュアンスのことを何度も語っていたが、この「臨死直視」もまた、猪木でなくては絶対に遭遇できない超レアな体験だったと感じる。開腹されていた時点の力道山は既に「生命体」ではなく「物体」である。同じ場面に遭遇したら、私も間違いなく田中米太郎と同じく数秒で気絶したクチだと思うが、「きのうまで師匠だった物体」を冷静に観察できていた20歳の猪木の姿は、鬼気迫る将来の燃える闘魂・アントニオ猪木と一気通貫のイメージになる。

12月20日の金曜日は、力道山が逝去して初めての「日本プロレス中継」。ここではリキパレスで一夜限りの特別追悼興行が組まれたが、死後わずか5日ということで宣伝期間が十分ではなく、満員にはなっていない(発表は1700人、通常のリキパレス興行の満員時発表は大体2500～3000人)。テレビの生中継には3試合が入ったが、まず最初の試合は遠藤幸吉と猪木の20分1

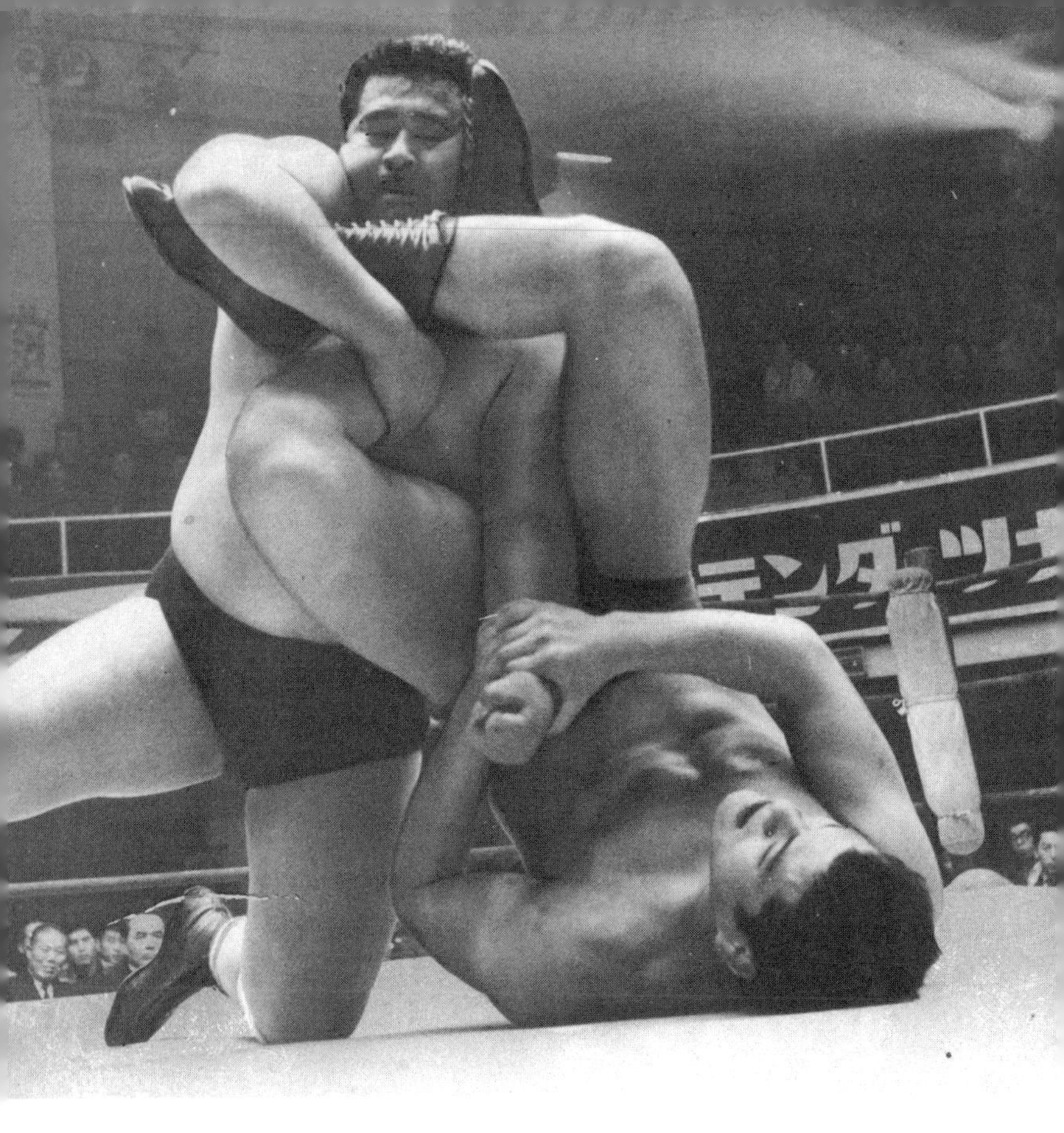

本勝負。テレビがスタートしたときは5分経過くらいのタイムだったが、時間切れ引き分けだったため、8時15分前後まで猪木の溌剌としたファイトが全国放送で流された。マスコミで私の先輩にあたる複数の方が「あの夜の遠藤戦は、アントニオ猪木の名前と顔が全国区になった最初の試合だった」と言ったのを覚えているが、それまでに何度かテレビ登場を果たしていたとはいえ、「力道山追悼興行」の生中継というインパクトは大きく、1966年に東京プロレスを設立してエースとなったときの「知名度を形成

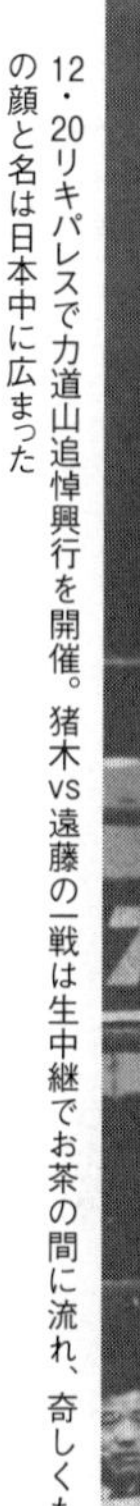

12・20リキパレスで力道山追悼興行を開催。猪木vs遠藤の一戦は生中継でお茶の間に流れ、奇しくも猪木の顔と名は日本中に広まった

するベース」になった重要な一戦と言えるだろう。

猪木対遠藤のあとのセミファイナルは吉村対芳の里で、これも20分時間切れ引き分け。メインは豊登対キラー・オースチン（シリーズ終了後、日本人女性と婚約したためにアメリカに帰国せず、国内に滞在していた）で、これは豊登の反則負けとなり（暴走してオースチンを失神KOした）「来年からは豊登がエースになる」という新たな方針を満天下にアピールした形になった。

この日、力道山のあとを任された4人（豊登、芳の里、吉村、遠藤）がパレス控室でマスコミに対し、「従来の方針、人事を変えて、これからは、グレート東郷さんには側面支援をいただく。アメリカからガイジン選手を呼ぶ役割も、沖（識名）さんにやってもらう」と発表。力道山と「ズブズブの関係」であった東郷が切られたということは、猪木が東郷のルートでアメリカ遠征に行くという「既定路線」が白紙に戻されることを意味していた。その時点で馬場、大木の二人が東郷のマネージメントによってアメリカをサーキットしており、このあと日本プロレス幹部は1月から3月にかけて、馬場、大木を「東郷から奪い返す」ことに全力を注入する。力道山の葬儀と追悼興行が終わり、年の瀬を迎えた時期の猪木の心中は、「東郷さんがいなくなってしまうのか。一体、俺の渡米はどうなってしまうんだろう?」という不安で一杯だったろう。すべては、兄貴分である新リーダー、豊登の決断を待つしかなかった。

1964年（昭和39年）
「トーキョー・トム」「リトル・トーキョー」、アメリカを往く

豊登がトップになったことで、念願のアメリカ遠征が実現

豊登、芳の里、吉村道明と共に力道山亡き後の日本プロレスを支える遠藤幸吉が1月8日、外国人招聘とトレーニングを兼ねて渡米。猪木も羽田空港で見送った。この2カ月後、猪木自身もアメリカに旅立つこととなる。写真には小鹿信也（グレート小鹿）、上田馬之助、高崎山猿吉（北沢幹之）らの姿も見える

力道山が急死するという衝撃の年が明けて１９６４年となった。この年は10月に東京オリンピック開催が決定しており、日本中が「いよいよ開催年になった」という興奮で正月から盛り上がっていた。私は満６歳。４月から小学校に上がる年だったが、前年12月15日の力道山死去のＮＨＫニュースと、この年の４月３日に生放送された〝ミイラ男〟ザ・マミー対上田馬之助（ワールドリーグ開幕戦）の放送だけはハッキリと覚えている（怖

くて、その夜のトイレに行けなかったから)。まだ毎週プロレス中継を見ていない時期なのに、なぜマミーの試合だけ見ていたのか、今でも不思議で仕方がない(たぶん、父と兄がテレビを見ていたから)。

豊登、芳の里、吉村、遠藤による新路線(当時は〝トロイカ体制〟と呼ばれた)の新年興行一回目は、1月10日(金曜日)のリキパレスで開催された(当日夜10時半から11時15分の枠でディレイ中継)。猪木はセミファイナルの30分1本勝負に登場し、芳の里に12分46秒、ニードロップから

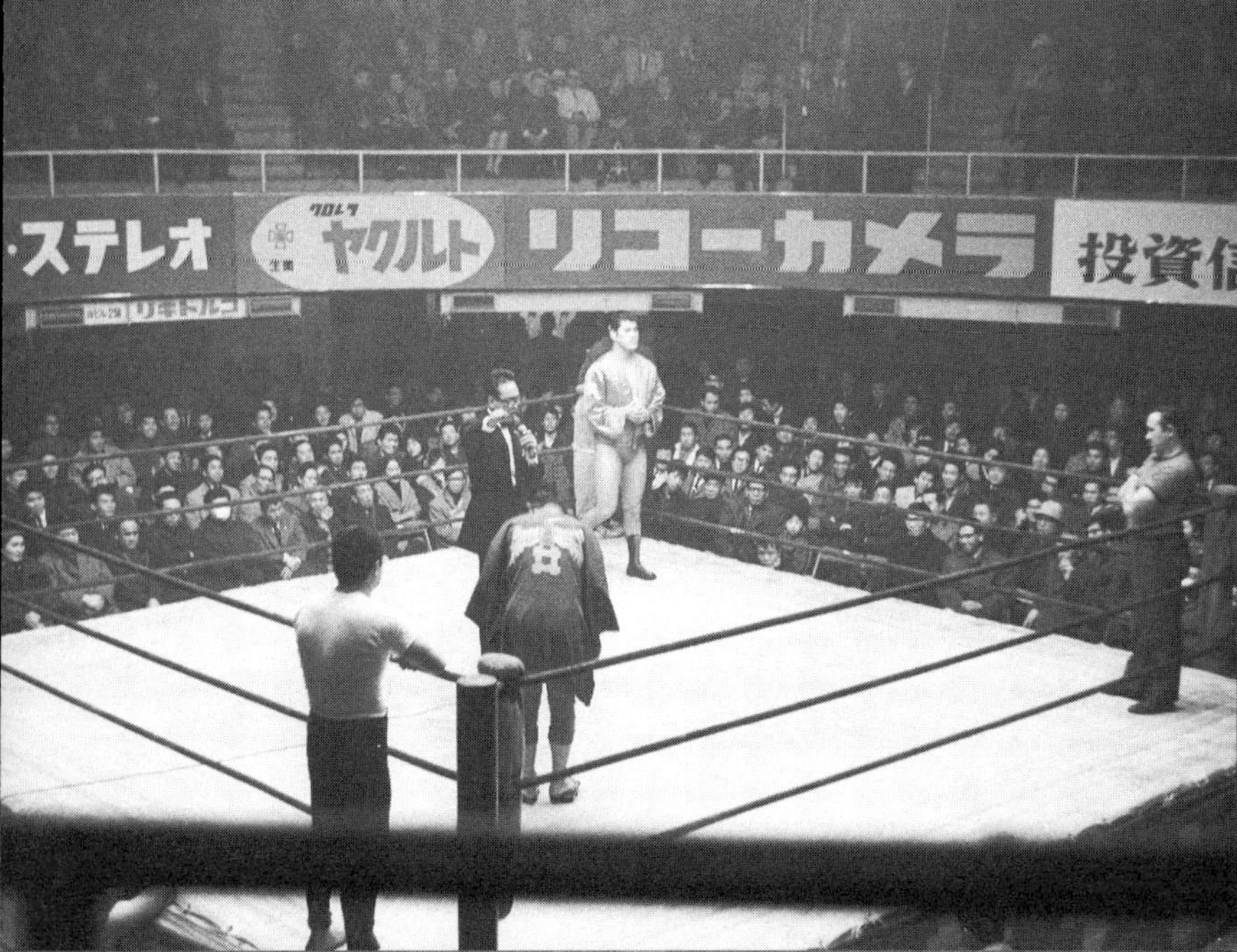

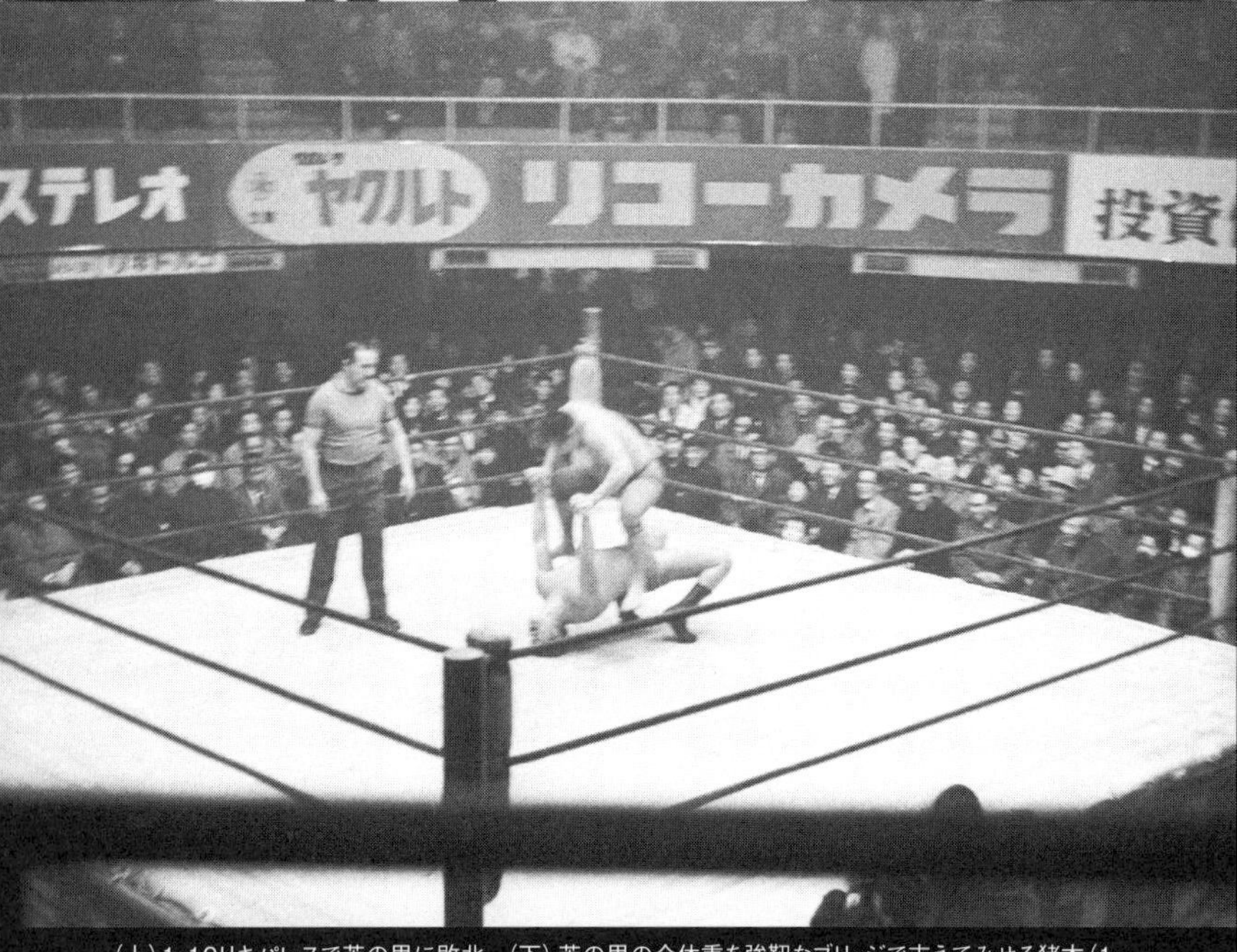

(上)1·10リキパレスで芳の里に敗北　(下)芳の里の全体重を強靭なブリッジで支えてみせる猪木(1·10リキパレス)

1・17リキパレスで平井に逆片エビ固めで勝利

のエビ固めで敗れている。メインは豊登、吉村対バディ・オースチン、ラッキー・シモノビッチというカードで、テレビ中継の中に猪木・芳の里戦はノーカットで放送されている。ちなみに猪木・芳の里戦以下の7試合と結果は次の通り。星野が大坪に勝ち。吉原が上田に勝ち。平井が長沢に勝ち。駒が平野に勝ち。松岡が林に勝ち。（ミスター）鈴木が北沢に勝ち。小鹿が山本と引き分け。

翌週17日のリキパレス大会でも猪木はセミファイナル前に登場し、平井とシングルで対戦（6分13秒、逆片エビ固めで勝利）。この日は8時からの生中継だったが、テレビ解説席の岩田浩専務（この時期のメイン解説者）から「猪木は、2月下旬か3月、アメリカ遠征に出発する予定です」という情報が公表された。岩田は豊登の右腕として、フロントの「背広組」の中では最も権力を有していた人

猪木の海外遠征プランをいち早く口にした岩田浩専務（右）は、豊登の右腕で、フロントのトップだった。写真は1963年12月27日、日本テレビ。左は日本プロレス中継の佐土一正アナウンサー

物（1972年7月、新日本の営業部長にも就任。半年ほど在籍）なので、この日をもって「馬場、鈴木、大木に続いて、猪木がアメリカに行くこと」は周知の事実となった。力道山にスカウトされ、移民先のブラジルから戻って2年9カ月。2月でようやく21歳。将来の日本マットを担うホープとしては、最高のタイミングでアメリカ遠征の切符をゲットしたと思う。仮定の話だが、力道山が生きていたら遠征は遅れていた可能性は極めて高かった。豊登がトップになったことで「決断された」人事である。アメリカにおける「世話人役」がグレート東郷からミスター・モトに変わったことも、「ロサンゼルス以外は、馬場、大木とは異なるテリトリーに行けた」という点で、猪木にとってはベターだったと感じる。

3月6日のリキパレスでは「アントニオ猪

（105～108ページの4枚）渡米直前の2月に撮影されたプロモーション用の特写。1964年～66年、アメリカの大会パンフレットはこのポーズのどれかが使われていた

木渡米壮行試合」と銘打たれ、セミファイナルの45分3本勝負でサムソン・ヘラクレス（サミー・バーグ）との試合が組まれた（金曜日だったので、夜10時半からディレイ中継）。「猪木主役のシングル45分3本勝負」がテレビで中継されたのはこれが初めてで、結果は2対1で敗れたものの、2本目はネックブリーカー・ドロップからの逆片エビ固めで1本奪取。バーグのパワー戦法に柔軟なブリッジとジャンプ力で対抗するシーンは、のちに〝若獅子〟と呼ばれた時代のベースとも言える試合内容だった。猪木が再びテレビに登場するのは、ここから3年後の1967年4月7日、後楽園ホールにおける「第9回ワールドリーグ戦前夜祭」（ガイジン勢に暴行を加えられる馬場を背広姿で救出）ということになる。

アメリカ修行に出発した猪木は、まずはハワイで試運転（3月）

猪木と豊登、岩田浩専務の3人は、3月9日夜10時発の日航機でハワイに向けて出発した。豊登はこのあと3月13日、20日のリキパレス大会（ともに金曜日、テレビ中継あり）を欠場してハワイに滞在しており、「猪木にとって唯一無二の兄貴分」だったことがうかがえる。日本テレビとしては「力道山が亡くなったばかりだし、豊さんまで出場しないとなると視聴率に響くじゃないか。スポンサーの三菱電機に顔が立たないよ」というのが本音だったろうが、ハワイには強力な後援者（スーパーを手広く経営していたヒュー山城）もいることから、豊登としては日本国内にいるよりも気が楽だったに違いない。

猪木の記念すべきアメリカ第1戦は3月11日、ホノルルのシビック・オーデトリアムで行われ、メインの60分3本勝負でカーチス・イヤウケア（のちのキング・イヤウケア）に1対2で敗れた。3本目は反則負け（セコンドの豊登が乱入）だったので日本の夕刊新聞（東京スポーツとスポーツ毎夕）には「猪木大暴れ、暴走」のニュアンスで報道され、インパクト的には満点の滑り出しと言えた。そのあと18日はロード・ブレアースとのコンビでイヤウケア、トシ東郷（ハロルド坂田）と30分1本勝負で対戦して時間切れ引き分け。25日のハワイ最終戦では再びブレアースとのタッグでハードボイルド・ハガティ、ジ・エクスキュースナー（ヴィック・クリスティ）に1対2で敗れている（猪木は2本目をハガティから取ったが、3本目をハガティから取られた）。

このあとカリフォルニア州ロサンゼルスに飛んだ猪木は、3月28日にダウンタウンのリトル・トーキョーで馬場、豊登、ミスター・モトに合流。直後に日本に帰国する馬場は、この時にポケットから大量のドル紙幣をムンズと掴み、「俺はもう使わないから、完ちゃん、取っておけよ」と言いながら猪木のポケットに突っ込んだ。のち（1976年頃）に新間寿氏から公表された有名なエピソードだが（猪木は「あれはかなりの大金だった。助かった」と述懐したという）、かつては馬場と猪木が「最高にいい関係」だった証拠である。馬場が猪木を「嫌な奴」と認識していれば、いくらポケットにドルが余っていたとしても、餞別として与えることはせず、日本に帰国してから円に換金しただろう。アメリカ遠征の先輩として、「本土に到着した直後は、ドルのキャッシュ調達に困る」という苦い体験をしてきたからこそ、馬場はこの場面で同期の猪木に思いやりを見せた。具体的な金額はわからないが（猪木も忘れていた、と）、何しろ1ドルが360円だった時代である。当時、日本からのドル紙幣持ち出し上限は（せいぜい）300ドル程度であり、ここでもらった紙幣は「試合がなくても、1カ月くらいは食えるな」という感じだったのでは?・というのが私の推測だ。

マイヤース頼みも肩透かしを食う。アジア系ヒールとしてファイト

猪木はロスに4泊したのち、4月2日に最初のサーキット・コースであるミズーリ州カンザスシティに向かった。この時の様子は、過去猪木の口から何度も語られてきたが、私が聞き役になったDVDの思い出の中でも一番リアルな部分だった。

「空港に誰も迎えに来ていなかった。飛行機に預けてあった荷物を引き取ったあと、30分くらい待ったが、それでも来ない。慌てて、周囲にいた空港関係者に事情を話したり、有名レスラーの名前を言って自分がプロレスラーだということを説明したが、英語が堪能じゃなかったから、全く反応がなかった。私が困っている様子を見ていた黒人のポーターが駆け寄ってきてくれたが、幸運にもその人はプロレスのファンだったようで、市内にあるプロモーターの事務所までタクシーを手配してくれた。あの黒人がいなかったら、初日から空港で野宿だった。ホテルに着くとすぐにドアをノッ

クする音が聞こえて開けたら、大柄な運転手が立っていて、〝いまから試合に行く。早くしてくれ〟と言うので慌てて用意した」

猪木からすると、空港には当然、自分を呼んでくれたサニー・マイヤースが待っていることを想像したろう。ところが、マイヤースはその夜の試合（カンザスシティ・メモリアルホール＝プロモーターはNWAメンバーの一人、ジョージ・シンプソン）に出るから、迎えに行っている時間などない。ミスター・モトが誰に連絡を取って（空港を含め）猪木の受け入れを手配したかは定かでないが、とにかく猪木は初日から「おいおい、勘弁してくれよ」的な扱いに辟易させられる。

残されている試合記録によると猪木のカンザス地区滞在は6月12日までで、この間に27試合を消化している。平均すると週に3～4試合というペースなので、少なくとも多くの日本人レスラーが経験した「最初は試合が少なくて、食うのに困った」というレベルではない。前座第2試合とか第3試合が半分くらいだが、あとの半分はセミかメインで、相手もパット・オコーナー、サニー・マイヤース、ハーリー・レイス、アート・トーマス、ドン・ジャーデン、ジョー・スカルペロを始め、トップクラスの実力者も多かった。タッグ・パートナーだったのがモンゴリアン・ストンパー（アーチー・ゴルディ）だったが、この人物について私が「（1971年正月に）日本プロレスに来ましたよね？」と話を振ったときに、嬉しそうな顔で「来ましたよね！」と返してくれたのが印象に残っている。猪木は「トーキョー・トム」のリングネームをつけられてベアフット（裸足）でファイトしていたが、このあたりはストンパーと共に「アジア系ヒール役」だったことで、プロモーターから「レスリング・シューズを履かないでくれ」と要求されていたのかもしれない。

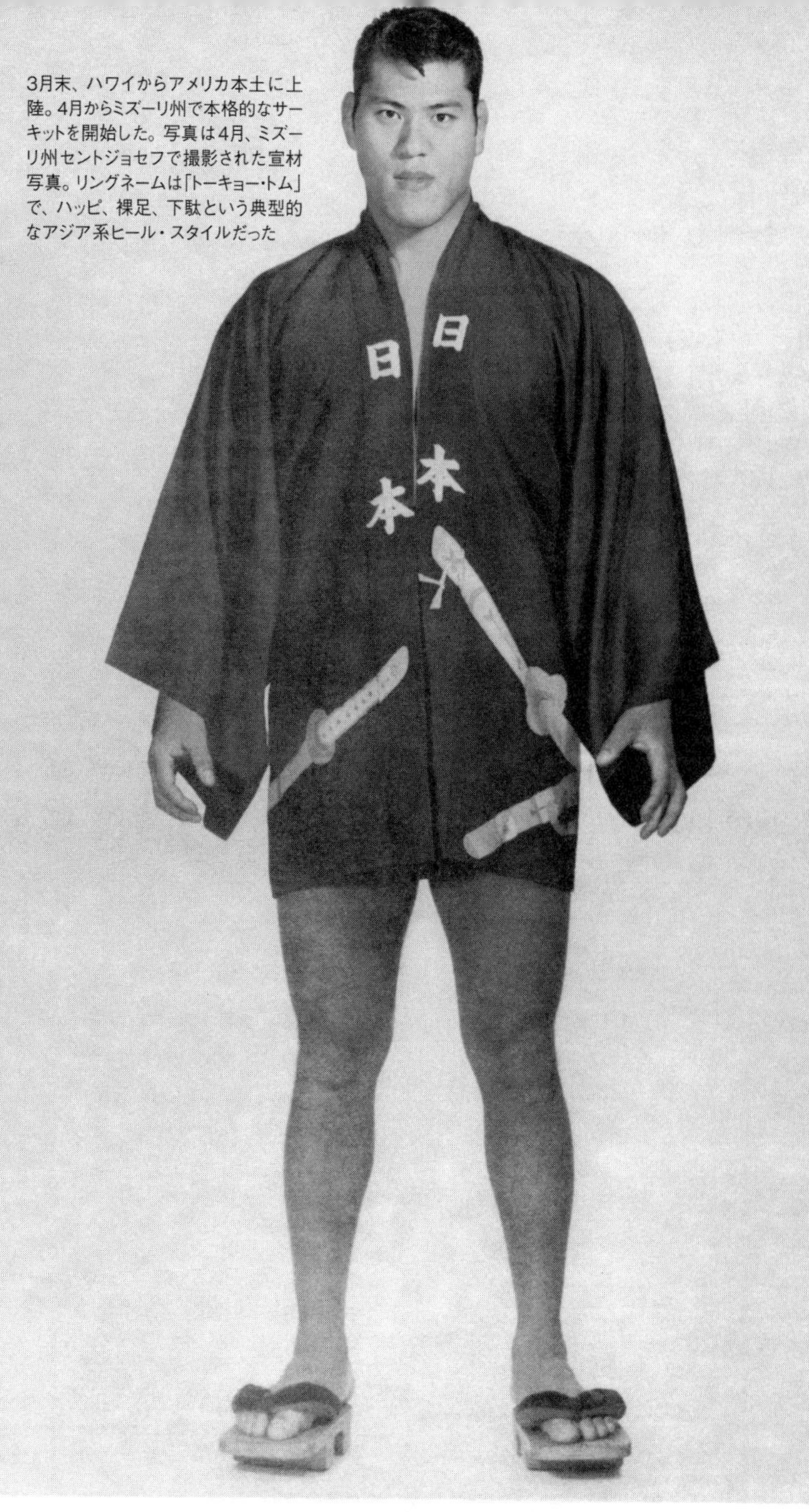

3月末、ハワイからアメリカ本土に上陸。4月からミズーリ州で本格的なサーキットを開始した。写真は4月、ミズーリ州セントジョセフで撮影された宣材写真。リングネームは「トーキョー・トム」で、ハッピ、裸足、下駄という典型的なアジア系ヒール・スタイルだった

TOKYO TOM

TONITE'S CARD

MAIN EVENT
TAG TEAM MATCH
2 of 3 Falls — 1 Hr. Time Limit

BOB GEIGEL & MISSOURI MAULER	VS	SONNY MYERS & MOOSE EVANS

SEMI MAIN EVENT

STOMPER	VS	BULLDOG HENNING

SECOND MATCH

TOKYO TOM	VS	STEVE BOLAS

GIRLS MATCH

JESSICA RODGERS	VS	JEANNE ANTONNE

These matches are subject to change without advance notice and the promotion is not responsible, if contestants fail to appear in the ring for reasons beyond our control. When possible, substitute matches will be made.

BOB!

arillo, Tex- Algona, Io- he hardest attempt to a terror in st any op- wooly and hat makes a this?

to Geigels Algona he test athlete me out of all around track, wres- ball, he was al, He serv- e Navy and he was a here. After owa, where ble at Iowa being their leavyweight restler, and the AAU , and was tudent. The fans saw a when he in Waterloo he TV Stud- tor, was in- iller Austin

and went at it hammer and tong with Austin, in the ring on T.V. Texas Bob wasn't back for a long time, but when he returned, he was a great scientific wrestler against all comers. WHAT MADE HIM CHANGE?

When he changed it was the difference of night and day in his ring personality, before he was quiet, clean, a sportsmanship in every respect, NOW the loudest, meanest, roughest, and uses more foul tactics of any grappler in the game.

After he went mean, he is near berserk at times, screamed at the Promoter, called him a PENCIL NECKED PUNK, A HAS BEEN OF THE WRESTLING GAMES TANK TOWNERS, etc., etc. —

What has all this done for Bob? Made him money. Maybe he was right when he changed from a lamb to a Lion Previously he was usually on the opening events, as most promoters told him he wasn't of main event caliber. NOW HE IS MAIN EVENT.

SONNY MYERS
A CHAMPION
by Bart Stair

Many of the fans asked Sonny, "What is it like to be a champion?" A question well asked but hard to answer, was the near answer of Myers —

Truly it is something each Wrestler, some day looks forward to being, is a CHAMPION, a recognized VICTOR. The average match winning for a NON TITLE HOLDER means more money and maybe some day a chance at the crown, but a CHAMPION, this is still much more money, a higher self prestige, and gives you a feeling before you go into a match you will be a winner, as the odds are in the champs favor, as well as the pyschological view —

In plain words self explanatory —

IT IS GREAT

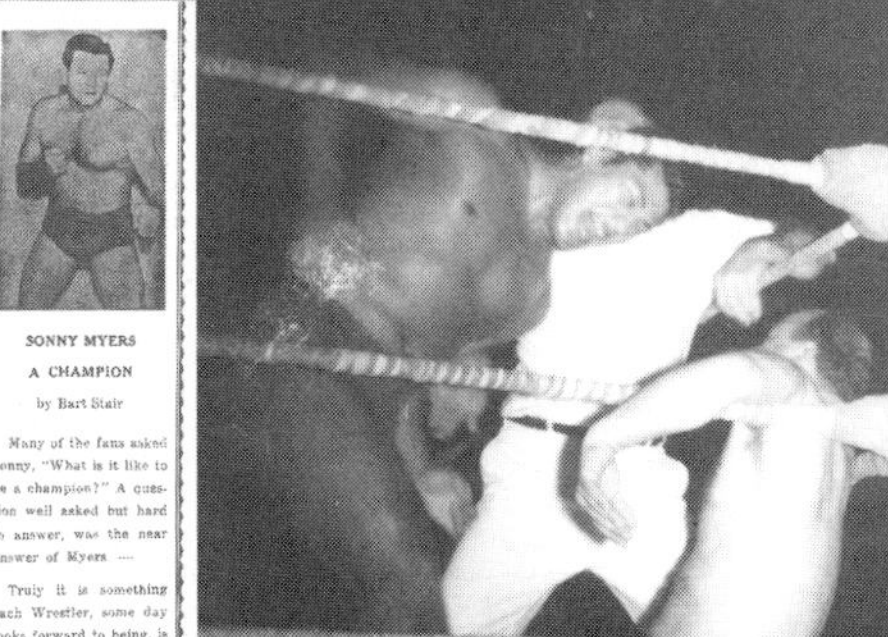

（上右）恩人のサニー・マイヤースと戦い、30分時間切れ引き分け（4・9カンザスシティ）　（上左）猪木よりもデビューが1年早いハーリー・レイスと初遭遇（4・30カンザスシティ、30分時間切れ引き分け）。カンザスでレイスとライバル闘争を繰り広げた。なお、レイスは翌1965年にAWA世界タッグ王者となり、スターの階段を駆け上がった　（下右）5・9アイオワ州ウォータールーのジョー・スカルペロ戦（猪木の反則負け）。スカルペロは全米アマレス王者からプロ転向した強豪で、1971年10月に一度だけ国際プロレスに来日した　（下左）5・23アイオワ州ウォータールー大会のプログラム。トーキョー・トム（猪木）はスティーブ・ボラスと対戦（ボラスはのちに日本プロレス、全日本プロレスに来日）

2008年くらいまで、「猪木は〝NWAの総本山〟であるセントルイスでは、一度も試合したことがない」というのが定説になっていた（私もそう信じていた）。ところが、2009年に、あるセントルイス在住の熱心なマニアが徹底的に調査した結果、猪木がこの1964年のサーキット中に一度だけ、「レスリング・アット・ザ・チェイス」というTV収録番組（セントルイス市内にあるチェイス・ホテル内のディナー・プロレス）」に登場していることが判明した。それは5月30日で、この日に猪木はスチーブ・コバックスと15分時間切れ引き分け、さらにブルドッグ・リー・ヘニングと組んでジョー・タンガロー（ジョー・ブルネッティ）、ジェシー・ジェームス組に30分3本勝負で敗れている。これについて、私が2010年に直接本人に「ホテル・プロレスを覚えていますか?」と聞いたとき、猪木はこう返答した。

「よく覚えている。確か、同じ会場に（ディック・ザ・）ブルーザーがいた。ステージの後ろで出番を待っているときに見たが、すごい筋肉だった。お客さんがテーブルでディナーを食べながら我々の試合を見ていたので、リング上から『リングのチリやホコリが飛ばないのかな？　なんだか、衛生的な食事環境じゃないな』と思いながら試合をしていた」

それを聞いた私は大笑いしたが、さすがアントニオ猪木といえど、ステーキやハンバーグを食べながら観客が自分を見ている光景には違和感を感じたのだろう。このあとキール・オーデトリアムで試合をする予定もあったそうだが、「そのテレビ収録のすぐあとに、カンザス地区の移民局の人が会場にやってきた。パスポートを見せろ、というから素直に見せたら、そこにスタンプを押された。あとで判ったが、それは日本に強制送還するスタンプだった。観光ビザしか取っていなかったから、それではダメだということだった。すぐロサンゼルスのミスター・モトさんに連絡したら、『ロサンゼルスには日本の北米領事館（分室）もあるから、なんとかなる。戻って来い』と言われたので、それに従った。どうせ、一旦国外に出る必要があるならば日本ではなく、4年ぶりにブラジルに帰国したかったが、それは叶わなかった」

猪木とデストロイヤーの本当の関係

こうしてカンザス地区のサーキットは終了し、猪木は6月下旬からロサンゼルス一帯のテリトリーに転戦した。ここは10月31日までの4カ月と長期滞在になり、同地には東京スポーツ新聞社の通信員（芳本栄カメラマン）が常駐していたので、猪木の試合は毎週のようにカバーされている。ここのリングネームは「リトル・トーキョー」。ロスのダウンタウンにある日本人街の通称をそのままリングネームにした奇妙なものだったが、本人は「本名のカンジ・イノキでは、ビザ更改中だから変に移民局を刺激してはまずい、ということで、モトさんが決めたのだろう」という理解だった。

猪木のランクは「セミが中心で、時々メイン」という感じで、ロスの最高権威だったWWA世界ヘビー級王座には絡んでいない（WWA世界タッグには一度だけ挑戦して引き分け）。対戦相手の主なところはザ・デストロイヤー、フレッド・ブラッシー、ディック・ザ・ブルーザー、ハードボイルド・ハガティ、ザ・リッパー（リップ・ホーク）、ジ・アラスカン、ニキタ・マルコビッチで、

4～5月、カンザスにおける特写。引き締まった肉体ながら、まだ厚みはない

ミスター・モトが日本プロレスのブッカー職を任された直後だったことで、モトと組んでのタッグマッチも多かった。そもそもロス地区に来た理由は「ワーキング・ビザの取得」であり、モトとすれば「ビザが下りたら、すぐに他の地区に送ろう」と考えていたので、猪木を（中・長期的に）WWA王座をめぐるストーリーラインに組み入れることはしなかった。このあたりの塩梅（あんばい）は猪木本人も理解しており、長い武者修行の期間においては「充電期間」と割り切っていただろう。

6月、カンザスからロサンゼルスに転戦。写真は7・1ロスのザ・リッパー（リップ・ホーク）戦

デストロイヤーについて話を振ったときに、猪木からこんなコメントをもらった。

「日本のファンの中では、デストロイヤーといえば馬場さんとの関係が有名だが、実は私とも関係は深かった。もちろん、デストロイヤーは長いこと全日本にいたから、私が新日本を旗揚げしてからは、そんなことは一切、口にしなかった。（1964年に）ロサンゼルスにいたときに何度も試合したし、そのあとオレゴンに行ったのも、デストロイヤーの紹介だった。彼がダノーエン（ドン・オーエンのことを、猪木はこう発音）というプロモーターに電話してくれて、とてもスムーズに転戦できた」

1996年3月に、ハリウッドの「スポーツマン・ロッジ・ホテル」で開催された「カリフラワー・アレイ・クラブ」（プロレスラーのOB組織）に猪木が出席したときも、デストロイヤーと猪木は同じテーブルで非常に楽しそうに歓談しており、隣のテーブルにいた私は「これって、馬場さんが見たら嫉妬するだろうな」と思ったものだった。2007年にはIGFの特別ゲストとしてデストロイヤーを招待したこともあったが、元子さん（G・馬場未亡人）からすると面白くなかったかもしれない。とにかく、長い猪木ヒストリーを俯瞰したときに、このロス地区滞在における「最大のキーパーソン」がデストロイヤーであったことは断言してよい。

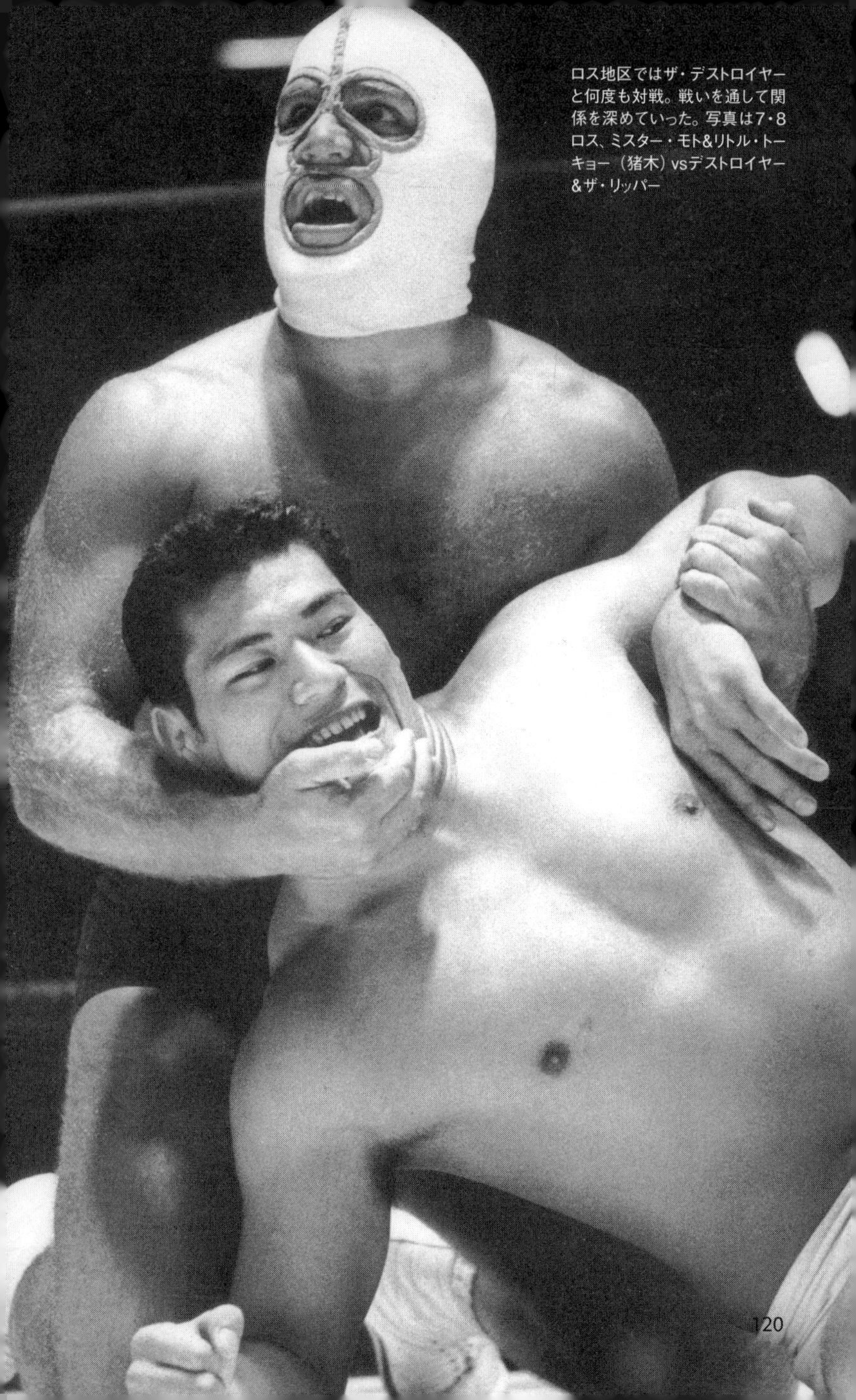

ロス地区ではザ・デストロイヤーと何度も対戦。戦いを通して関係を深めていった。写真は7・8ロス、ミスター・モト&リトル・トーキョー（猪木）vsデストロイヤー&ザ・リッパー

LITTLE TOKYO

Antonio Inoki, known as "Little Tokyo" will show the fans some real Japanese "style" wrestling on July 22. Mr. Moto discovered this man on the Islands and brought him here as his protege.

（上右）「JAPAN」の文字が縫い取られているガウンを着用して試合に臨むリトル・トーキョー＝猪木（写真は7・10カリフォルニア州サンディエゴ）（上左）7・14カリフォルニア州ロングビーチで〝狂乱のロシア人〞ニキタ・マルコビッチに勝利　（下）7・22ロス大会のプログラム。リトル・トーキョーはアントニオ猪木の別名だと紹介されている

リトル・トーキョーこと猪木はロス地区ではセミ、メイン・クラスで奮闘。写真の対戦相手はロシア系ファイターのニキタ・マルコビッチ。マルコビッチはこの年の新春から春にかけて2シリーズにわたって日本プロレスに来日したばかり。1969年7月には国際プロレスにも参戦した

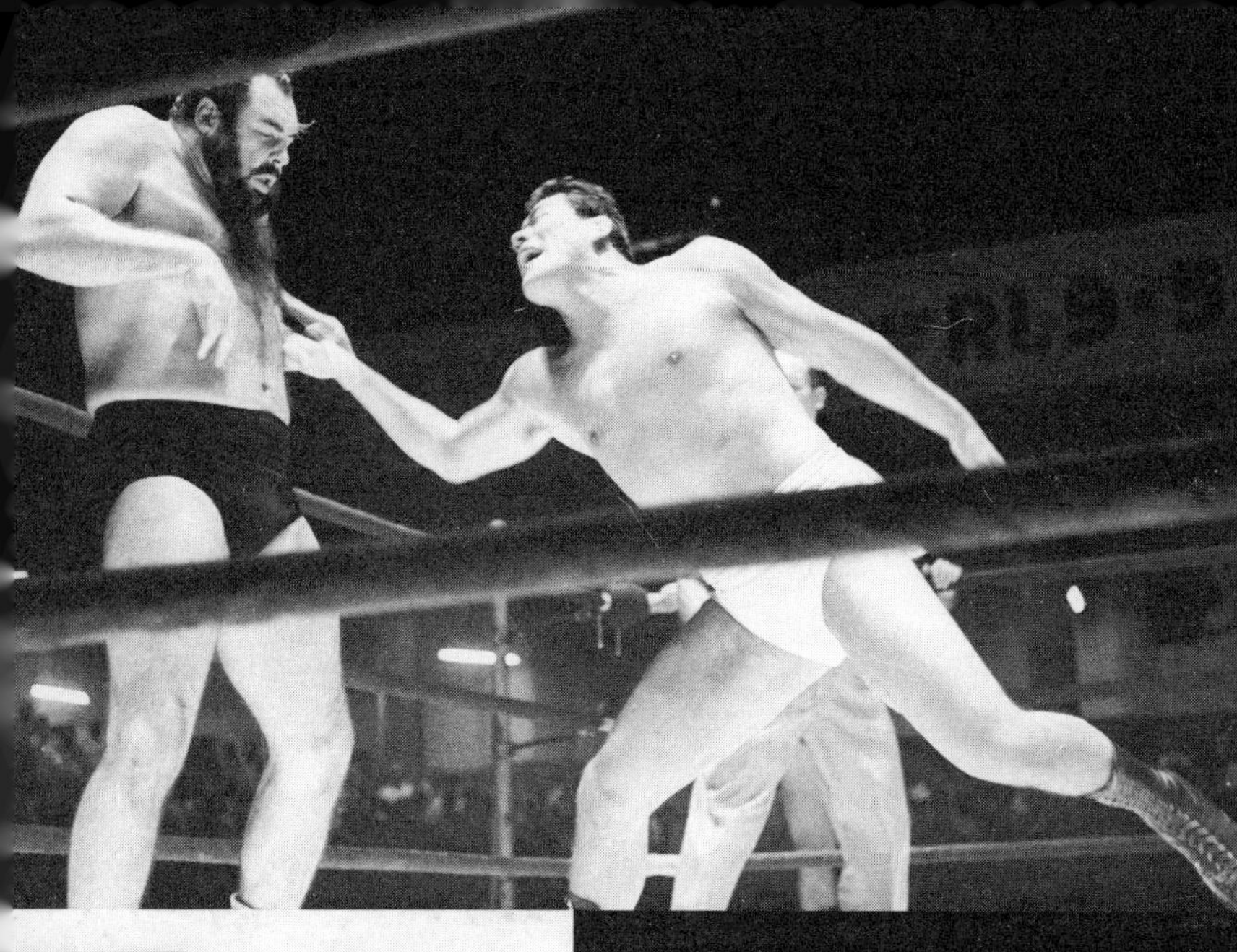

COWBOY BOB ELLIS

Next Wednesday, Oct. 14

MAIN EVENT

Destroyer and Hard Boiled Haggerty

vs.

Mr. Moto and Little Tokyo

COWBOY BOB ELLIS vs. JERRY ROSE

THE HANGMAN vs. RAMON ZAVALZA

CHRIS BESKAS vs. KO MURPHY

WILD BILL CODY vs. RIPPER COLLINS

FIRST BOUT STARTS AT 8:30 P.M.

LITTLE TOKYO

Another Big Show

Friday, Oct. 23

at the Olympic.

CAPTAIN BLOOD IS COMING

Notice: All wrestling exhibitions are licensed by the State Athletic Commission.

Lucky Number

— Fill out form —
Give to box office before 9 p.m.

Name..........

Address..........

City.......... Zone.....

10-14-64

（上）10・8カリフォルニア州ベーカーズフィールドでジ・アラスカンに勝利　（下右）10・8ベーカーズフィールドで下したジ・アラスカンは本名ジェイ・ヨーク。1964年4月、日本プロレスに初来日。その9年後の日プロ最後のシリーズ（1973年4月）にもフリッツ・フォン・エリックと一緒に再来日している　（下左）10・14ロス、オリンピック・オーデトリアム大会のチラシ。ミスター・モト&リトル・トーキョー（猪木）はデストロイヤー&ハードボイルド・ハガティに敗北

猪木にぞっこんのプロモーター、オレゴンで出会った最初の妻

10月31日のサンバーナディーノ大会（デストロイヤーに敗戦）を最後にロス地区を打ち上げた猪木は、週末にオレゴン州に転戦。既に手配してあったポートランド市内のアパートを本拠地として、11月7日から約半年（翌年5月19日まで）の長いサーキットに入った。

猪木のアメリカ遠征期間をテリトリー別に比較すると、このオレゴン地区が最も長い滞在となり、最初の妻（籍は入れていなかったそうだが）となったダイアナ・タックさんと出会うなど（長女の文子（ふみこ）ちゃんは猪木のテネシー時代に誕生）、私生活においても大きな転換期となった。

オレゴン地区は、当時のアメリカにいたレスラーにとって、人気の高いテリトリーだった。ワンナイトでガッポリ稼げる大都市（大会場）こそないが、興行開催会場の距離が短く、車による移動の「肉体的消耗度」がミニマムだったし、加えてNWAメンバーだったポートランドのドン・オーエンをはじめ、各地プロモーターのギャラも悪くなかったからである。この地区にいたときの思い出を猪木本人に聞いたとき、固有名詞で三人の話題に集約された。まずは「印象に残る相手」についてだが、即答で「バディ・モレノとルター・リンゼイ（来日時はルッター・レンジ）」の名前が出た。モレノは2度、来日している（1968年の日本プロレスと、1973年の全日本プロレス。後者のときはオマール・アトラスと名乗る。2023年現在、85歳で健在）。猪木より5歳上の1938年生まれで、当時のオレゴン地区ではパット・パターソン、リッキー・ハンター、アルバート・トーレス、ペッパー・マーチンと並ぶトップの一人だった。

バディ・モレノ

「30分フルタイム引き分けという試合を何度もやった。私にスタミナ負けしなかったのは、オレゴン地区では彼くらいだった。柔軟な体をしていてパワーもあり、やっていて楽しい相手だった。ジャンプ力もあって、ドロップキックで口の中をザックリ切られた記憶がある」

もう一人のルター・リンゼイ（1926～1972年）は多くのレスラー、関係者が「史上最強の黒人レスラー」と絶賛する強豪で、猪木はリンゼイの初来日（1962年12月）を若手時代にセコンドとして（エプロンから）見ていた。確か豊登が引退時の『プロレス&ボクシング』だったか、聞き手の鈴木庄一氏に「一番強かった相手」の名前を聞かれて「それはレンジだった」と即答していたが、「その手の質問」をあまりされてこなかった豊登の「躊躇なき回答」に驚いたものだった。

猪木は「レンジとは何回も対戦したわけではないが、とにかく鋼鉄のようなボディをしていた。背は170くらいしかないが、懐に入ると一気に倒されるようなスピードがあって、反撃したくてもスキを見つけられない。バックドロップで投げるときのスピードも速くて、ディフェンスしたくても出来ない。レンジの出番はだいたいセミかメインだったが、私は自分の試合を早く終えたときでも、服を着替えて、レンジの試合は通路の奥で見てから帰っていた」と述懐してくれたが、レンジの名前は引退後の「サムライテレビ（武藤敬司とのロングビーチ対談）」とか90年代初頭にVHSで出された「キラー猪木シリーズ」の中でも結構頻繁に言及しており、おそらく猪木の中でも「史上最強の黒人」という評価は揺るぎないものだったと確信している。

ルター・リンゼイ

もう一人、私がワシントン州シアトル地区のプロモーター、ハリー・エリオット（1905〜2006年、古今プロレス業界にいた人の中で最も長生きした一人）の名前を出したときの反応は大きかった。私が「2年前に101歳で亡くなりました」と言ったときの「エーッ、ホント？」という驚きの表情は今でも忘れられない。

「エリオット氏には、シアトルで試合があるたびに自宅に招いてご馳走してもらった。彼は母親が日本人だったから、という理由もあったと思うが、カンザスやロサンゼルスのときからモメていたワーキング・ビザの問題が再び持ち上がったときも、一緒にシアトル市内の移民局に同行してくれて、スッキリとOKのスタンプをもらうことが出来た。

これ以降、日本に帰るまでの期間に、ビザ問題で詰問されるトラブルはなくなった」

エリオット氏はルースという娘さんが一人いて、そのルースさんが私と同じプロレス・ヒストリアン仲間だったディーン・シルバーストーンと結婚したので、エリオット氏の「猪木びいき」について、私は結構昔から知っていた。ルースさんは2018年に不慮の事故で亡くなり、ディーンも2020年に肝臓ガンで急逝してしまった。私が猪木と義父（エリオット）と話したことをメールしてあげたら、ディーンとルースは感激のメールを返信してくれたものだった。ディーン曰く、「猪木がオレゴンに来たときは、義父のハリーは常に彼をセミかメインで使っていた。同じ時期にディーン・ヒグチ（樋口）とハル・ササキ（佐々木）がいたけど、ハリーの評価は高くなかった。猪木のようにクラッシックでオーセンティックな（正統派の）レスリングが出来る存在が大好きで、単なるボディビルダーのようなレスラーは、絶対に上のカードでは使わなかった」。

ちなみに猪木がダイアナさんと初めて会ったのは、エリオットが主催した1964年11月のサンクスギビング・パーティの会場だったそうで、ダイアナさんはディーン樋口が招待したグループの一人だったという。猪木にとっての「オレゴン修行時代」は、結局エリオットとダイアナさんの二人に尽きたのかもしれない。

1964年12月29日のシアトルでは、猪木はロサンゼルスからスポット遠征してきていたデストロイヤーとセミの30分1本勝負で対戦し、時間切れ引き分け。翌30日はタコマでエル・シェリーフに快勝し、大躍進となった1年を終えている。

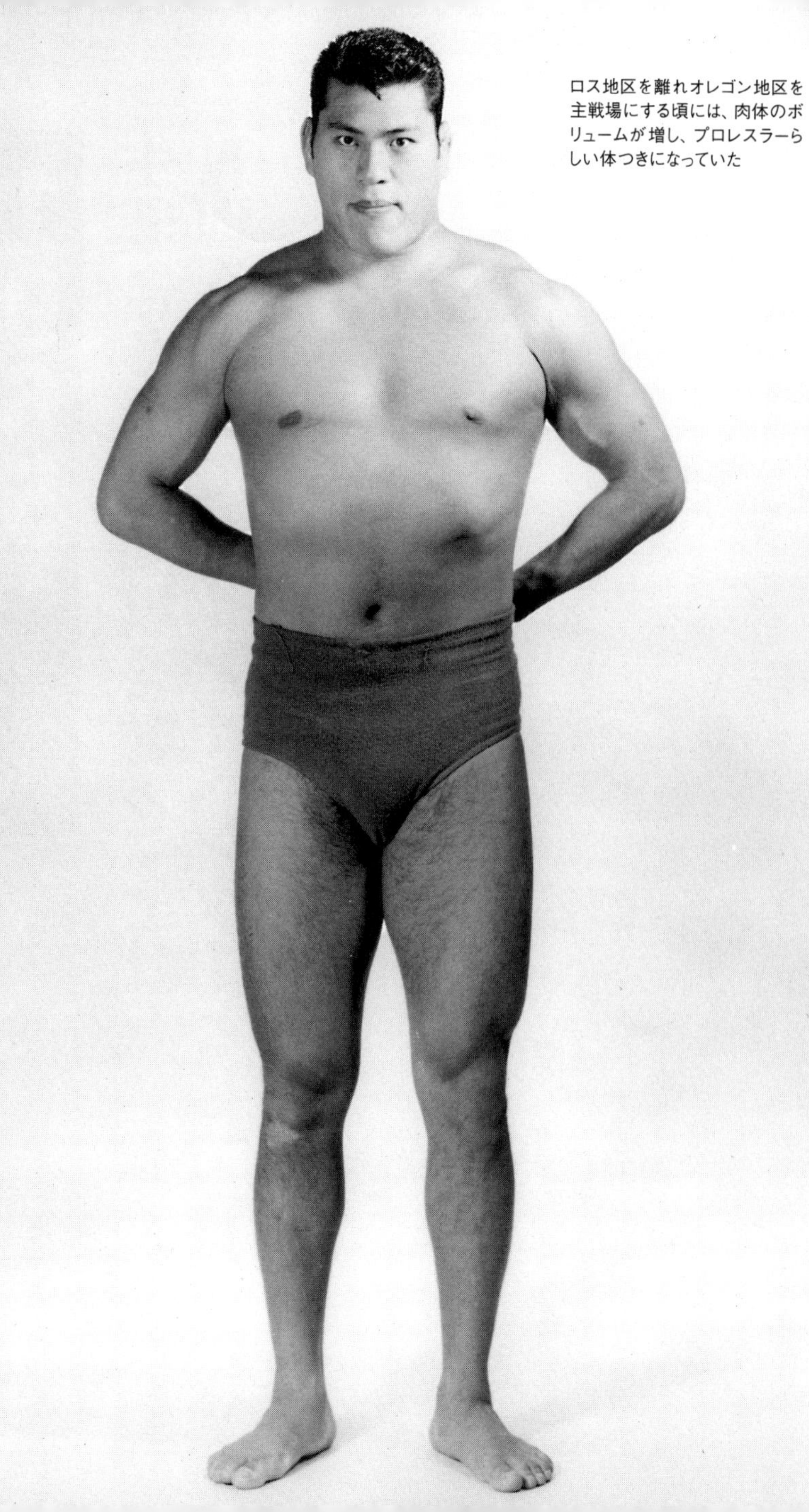

ロス地区を離れオレゴン地区を主戦場にする頃には、肉体のボリュームが増し、プロレスラーらしい体つきになっていた

1965年（昭和40年）

生涯最多の年間試合数をこなし、NWA地区でメインイベンターとして奮戦

ダイアナ夫人との同居生活

猪木の生涯試合数を年ごとに比較すると、アメリカ武者修行時代の2年目、1965年が一番多い。各州の極端な小都市興行の記録が残っていない場合もあるが、それでも確実に250は軽く超えるので、新日本プロレスの最盛期（初代タイガーマスクが在籍した1981年から1983年）よりも多い280〜320くらいの試合数をこなしていたことは間違いない。年齢的に21歳から22歳で、「全く疲れを知らない、毎日試合をするのが楽しくて仕方がなかった時期」かもしれない。1月から5月中旬まで転戦したオレゴン地区の記録を改めて見なおすと「休みなし」という感じでビッシリと興行が組まれており、おそらく猪木にはオフが月に3〜4日しか与えられていなかったろう。前年から恋人関係になったダイアナさんとは、出会ってすぐにオレゴン州ポートランド市内

『週刊プロレス』のルーツ『プロレス&ボクシング』(1968年6月号)の家庭訪問企画で撮影された写真。世田谷区野毛の自宅にてダイアナ夫人、娘・文子(ふみこ)ちゃん=当時2歳と共に

のアパートで同居生活を始めており、ポートランドから日帰りできる興行地には、試合が終わったら即、車を飛ばしてダイアナさんの待つアパートに戻っていた。

1971年に講談社から発売された週刊誌『ヤングレディ』4月12日号の26～28ページが、「倍賞美津子が妻子（ダイアナ夫人とデブラちゃん）と離別したアントニオ猪木と結婚」という刺激的な見出しをつけた巻頭記事を掲載していたので、一部抜粋してみる。

●

アントニオ猪木が倍賞美津子と初めて会ったのは5年前、まだ倍賞がSKD（松竹歌劇団）にいた頃。彼女は19歳だった。しかし、当時の彼にはダイアナさんというアメリカ人の妻がいた。昭和40年、猪木がまだ力道山の元・門下生としてアメリカで武者修行していた頃、ショーダンサーをしていたダイアナさんと出会った。その頃の事情に詳しい岩田浩氏（猪木エンタープライズ専務）は、

「ダイアナさんというのは、猪木より3歳年下の大柄でガッシリした女性でしたね。知り合ってすぐ結婚して、猪木が日本に連れて帰りました。今の猪木の家（世田谷区野毛）に住んでいました。しかし、まだ若いし、猪木には将来があるということで周囲は反対し、遂に籍は入れませんでしたね。4年で別れました。原因は色々言われたけれど、結局、彼女は日本語が話せなかったし、外国での一人暮らしに耐えられなかったことでしょう」

二人の間にはデブラちゃん（日本名・文子）という子供ができたが、今はダイアナさんが引き取って、ハワイでアパートに住んでいる。昭和44年8月、猪木は養育費を毎月払う約束で正式に離別。時期的には、その後に倍賞美津子との結婚を考えるようになったことになるが、「猪木は、倍賞に

初めて会ったときから結婚を考えたそうですよ。もちろん、その時は冗談めかして結婚を口にしたんだけど、倍賞のほうは〝身のまわりを綺麗にしなきゃダメよ〟と断ったらしい」（スポーツ紙記者）

「ダイアナさんは、猪木が巡業に行くときも一緒に付いていって、夜おそくまで離さないような女性でね。身体が資本のプロレスラーを、最後まで理解できなかったんです。猪木はその頃から、離婚を考えていたんじゃないかな」（岩田氏）

猪木は倍賞と交際を始めるようになった頃、ある知人に「彼女はとても素直ですよ。右を向いていろと言えば3年でも右を向いている女です」と褒めていたというのは、ダイアナさんに絶望した反動とも言えるだろう。今度の二人の結婚では、離婚のことが一番倍賞家の問題になったはずだが、羽田空港で会った倍賞の母・ハナさんは「それはもう、済んでしまったことですから」と、サッパリした表情で語っていた。

●

リング上に話を戻すと、前年からライバル関係になって好勝負を連発していたパット・パターソンをはじめ、スタン・スタージャック、シャグ・トーマス、リッキー・ハンター、イワン・カメロフ、ジャン・セバスチャン、ロイ・マクラリティなどが主な対戦相手で、勝率的には50％前後だったがセミ、メインの地位で扱われる機会も多く、ギャラ的にも確実にアップしていたと想像できる。

猪木は5月19日のワシントン州タコマ大会（ジャン・ポールと時間切れ引き分け）を最後にオレゴン地区を打ち上げ、ロサンゼルスに移動した。既にダイアナさんは妊娠しており（文子（ふみこ）ちゃんは12月にテネシーで誕生）、猪木はダイアナさんをポートランドに残しての転戦となった。猪木は後年、

「ロス経由、6月下旬からテキサスに行くことが決まっていたので、さしあたりダイアナを両親が住んでいるモンタナ州のビュッテに戻して待機させた。テキサスで生活が落ち着いたところで、呼ぶつもりだった」と語っていたが、おそらく本心としては「もっとオレゴン地区にいたい」と思ったかもしれない。テキサス行きはミスター・モトとデューク・ケオムカの間で決められたそうで、フロリダ地区の重鎮、大物ブッカーになりつつあったケオムカの発言力が増していたことを物語る。

キニスキー、KO・イエーテ、ビクター・リベラとの思い出

2度目のロサンゼルス地区サーキットは5月28日から6月15日までの11興行で、異例の（テキサス州へのスタンバイ目的）短期間ということもあり、さすがに同地のタイトル戦線に絡むことはなかった。135ページ、136～137ページ掲載のプログラムは、ルーク・グラハムが7月23日にペドロ・モラレスに勝ってWWA世界ヘビー級王者になる直前の対戦（6月9日、ロス）と、WWA世界タッグ王者だったジ・アサシンズとの対戦（6月2日、ロス）当日のものだが、試合は共に猪木が敗れている。グラハムあたりは大した実

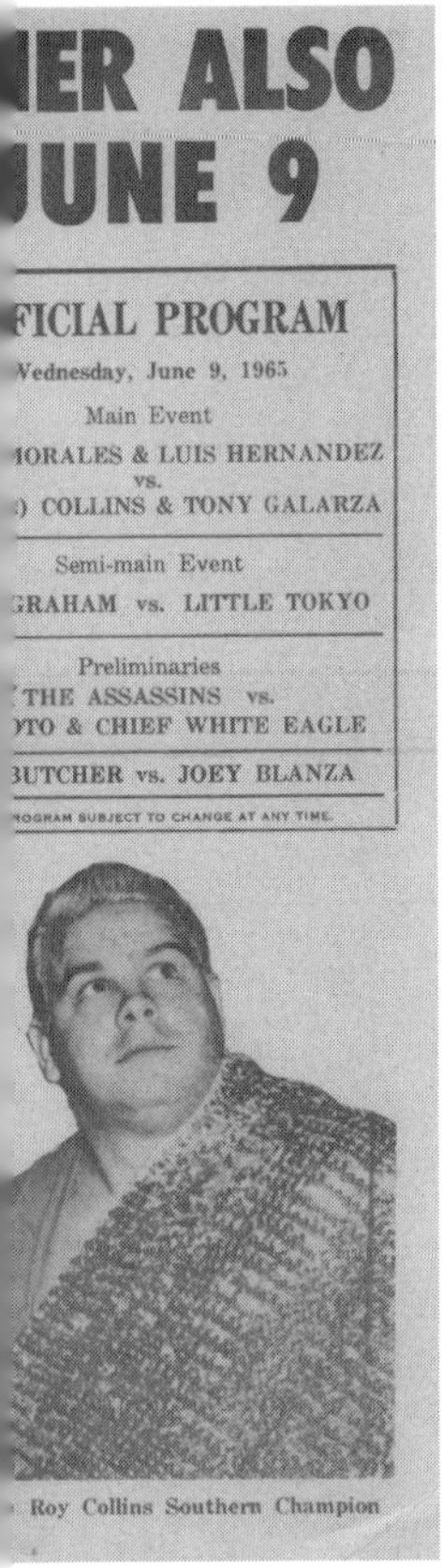

6・9ロサンゼルス、オリンピック・オーデトリアム大会のプログラム。リトル・トーキョー（猪木）vsルーク・グラハムのシングルマッチが組まれた（猪木敗北）

(CRAZY) LUKE GRAHAM & THE B
APPEAR ON ALL-STAR CARD WE

MOTO & WHITE EAGLE COMBINE FORCES AGAINST ASSASSINS

A Japanese and an Indian are planning to pull out all the stoppers and upset the apple cart when they take on The Assassins at the Olympic Auditorium on Wednesday, June 9.

Mr. Moto and Chief White Eagle, at a combined weight of approximately 445 pounds, will be spotting their masked opponents 50 pounds, but plan to make up for it in the long run.

"With our thorough knowledge of judo and karate, we would be able to cut these Assassins down to size," say Moto and White Eagle.

The Assassins, naturally, are of a different opinion as to what will happen, but unfortunately will have to wait until Wednesday, June 9, when they meet a Japanese named Moto and an Indian named White Eagle.

Meanwhile, the other tag bout on Wednesday, June 9, has the popular Latin-American duo of Pedro Morales and Luis Hernandez tangling with (Ripper) Roy Collins and Tony Galarza, two wrestlers who have just recently returned to Southern California rings.

Mr. Moto - Back from Japan

Chief White Eagle-Shawnee

LUKE GRAHAM NOW RATED N CHALLENGER FOR MORALES' B

The new ratings of the WWA (Wor Wrestling Associates) for the month of 1965, have been officially announced fo lication, and the major change in them (Crazy) Luke Graham up from No. 3 to which should make him both happier a zier.

The ratings:

Champion—Pedro Morales

Challengers:

1. Freddie Blassie (4-time Champion)
2. (Crazy) Luke Graham
3. Edouard Carpentier (2-time Cham
4. Dick the Bruiser (1-time Champio
5. The Destroyer (3-time Champion) Shohei (Big) Baba — TIE.
6. Lou Thesz (5-time Champion)
7. Bruno Sammartino
8. (Cowboy) Bob Ellis (1-time Cham
9. Luis Hernandez & The Butcher —
10. The Assassins—TIE.

Little Tokyo - Battles Luke Graham　　Luke Graham - "Don't Call Me Crazy"

力の持ち主ではなく、猪木がこのときに長期滞在であれば、モラレスの王座挑戦権は間違いなく猪木がゲットしたと思われる。猪木からすれば心は既にテキサスに飛んでおり、ロスにおける勝敗など二の次だったろう。6月2日のプログラムにはボールペンで猪木の直筆サインがあるが、「トーキョー・トム」のリングネームなのに、漢字で「猪木完至」とサインしてあるのが興味深い。筆跡は間違いなく猪木本人のもので、「猪木完至」のサ

Z READY TO BATTLE TITLE SUN., JUNE 6

(CRAZY) LUKE GRAHAM STILL YELLING FOR A SHOT AT MORALES

(Crazy) Luke Graham

(Crazy) Luke Graham has again issued a challenge to World Champion, Pedro Morales. The big blond from The Flying Mare Ranch in Phoenix, Arizona, seems to be getting crazier as time goes on.

Having originally made the statement that he would "kill Morales" when he first challenged the handsome Latin-American Champion, big Luke now says "there won't be enough left of this lousy Latin to sweep off the mat" if his demand for a shot at Morales is granted.

The crazy one also says that he will resort to "drastic measures" if necessary to stop people from referring to him as "Crazy."

"It's you idiots who are crazy, not me. You're all idiots—everyone of you," he continues, still ranting and raving at the top of his voice. "You're just jealous because I've got everything and you slobs have nothing. I've got success written all over my beautiful face, whereas you bums have nothing but failure written all over your ugly pusses."

OFFICIAL PROGRAM

Wednesday, June 2, 1965 - 8 p.m.

Main Event

UIS HERNANDEZ vs. ROY COLLINS

Semi-main Event

UKE GRAHAM vs. ~~BILLY KULZER~~ TONY GALARZA

Preliminaries

X THE ASSASSINS vs. LITTLE TOKYO and DON SAVAGE

THE BUTCHER vs. WHITE EAGLE

THIS PROGRAM SUBJECT TO CHANGE AT ANY TIME.

Chief White Eagle - Here June 6.

MORALES & HERNAN
ASSASSINS FOR WOR

(Ripper) Roy Collins - Appears June 6

LATIN-AMERICANS SAY THEY'R DEDICATED TO WIN TAG BELT

Pedro Morales and Luis Hernandez, w Sunday, June 6, will challenge The Assa for the WWA World Tag-Team Cham ship, say they're going to "dedicate our ning of the World Tag-Team Title to th tire Latin-American population of Sou California.

The Assassins are a terrific tag-team bination, but we don't believe it's nece for them to use the dirty tactics they and we intend to put a stop to it.

"We've decided the only way to cope their illegal tactics is to fight fire with So if they get dirty, then so will we."

Meanwhile, The Assassins, "gentle that they are, state that, "We always a very optimistic outlook on the outco our matches, but we do hope that M and Hernandez don't get dirty, because we will be forced to equal their dirtiness, we're not accustomed to doing."

It looks like blood will fly here at the pic on Sunday, June 6.

BUTCHER CLAIMS HE'LL "SLICE MORALES INTO LITTLE PIECES"

The Butcher, all 285 pounds of him, is now screaming that if and when the time comes for him to climb into the ring against WWA World Heavyweight Wrestling Champion, Pedro Morales, the handsome Latin-American titleholder will be "sliced up into little bitty pieces" by the bearded madman.

Butcher formally issued a challenge to Morales on Wednesday, May 19, and has become more and more upset day after day because his demand for a chance at Morales hasn't been met.

Butcher may not realize it yet, but there's a fellow by the name of (Crazy) Luke Graham who is also hollering for Morales' scalp. And the big blond from Arizona insists he should get first crack at Pedro, because "The Butcher is an unknown and I'm Luke Graham, known the world over. Everyone has heard of me."

But Butcher, who says he's never heard of Luke Graham, also says he's going to be the next World Champion, if he has his way.

Little Tokyo - Signed for June 6.

6･2ロサンゼルス、オリンピック･オーデトリアム大会のプログラム。リトル･トーキョー（猪木）はドン･サベージと組んでジ･アサシンズと対戦。なお、猪木の写真部分に書かれている直筆サインは、漢字の「猪木完至」。アントニオ猪木のサインはなじみ深いが、本名の猪木完至のサインは非常に珍しい

N BIG DEBUT!

some New York Newcomer
s Rugged Swede Karlsen!

me" is the word most often associated with well built
arity. And he doesn't mind that except that folks tend
k his sparkling win record. And a win record is what
start on tonight when he makes his Dallas debut.
y, a native New Yorker, will be tackling huge Swede
a big, special event. The Swede chased Bull Curry last
is on a hot streak. He wears his "protective" helmet as

y hopes to tangle with our biggest names here and he
big wins in the big city are good enough to rate consid-
a match with the mighty Fritz Von Erich here!

Tickets on Sale at Downtown Ticket Agency, Cullum & Boren, 1509 Elm

TUESDAY, JULY 13, 1965 - - - - - 8:30 P.M.

TELEPHONE RI 7-6676 FOR RESERVATIONS

First Event

Ken Hollis

220	KEN (K. O.) YATES Houston	vs.	SILENTO RODRIGUEZ Mexico City	205

1 Fall — 15 Minute Time Limit

Second Event

230	INDIO PEON Mexico	vs.	COWBOY BOB ELLIS Ft. Worth	235

1 Fall — 15 Minute Time Limit

Third Event

240	KEN (K.O.) YATES Charlotte, N.C.	vs.	INOKI Japan	240

1 Fall — 15 Minute Time Limit

Special Event

260	SWEDE KARLSEN Minnesota	vs. DRAW	DON McCLARITY New York City	230

1 Fall — 15 Minute Time Limit

Semi Final Event

235	MARK LEWIN Buffalo, N.Y.	vs. DRAW	THE BLUE AVENGER Mexico City	222

1 Fall — 20 Minute Time Limit

MAIN EVENT

260	FRITZ VON ERICH Lake Dallas	vs. N.C.	DUKE KEOMUKA Honolulu	218

FENCED RING. Best 2 OUT OF 3 FALLS — ONE HOUR TIME LIMIT.

Referees: Marvin Jones, Dick Raines. *Coin Flip Could Determine Order of Matches.*

Rasslin' July 13, 1965

インは、今やかなりのレア物だ。
テキサス地区サーキットは、猪木のアメリカ武者修行時代におけるハイライトと言える。6月28日のフォートワースから始まり、11月5日のヒューストン興行まで4カ月余りに及んだが、全米屈指の激戦地区ということで収入も良く、私が「ここはギャラ的にも素晴らしい地区だったのではないですか?」と振ったとき、猪木の表情がニッコリと笑顔に変わって「そうですね」と大きな声で答えてくれたのが印象に残っている。記録がキチンと残っているだけで124試合だから、単純に滞在期間（131日）から引き算すると7日しか休んでいなかったことになる。実際はテレビ収録があって、1日に2試合というのも多かったから休日はもっとあったが、それにしても過酷なスケジュールだ。オレゴン地区とは異なり、試合会場となる都市と都市の間の距離は長い。しかし、各

DON McCLAR

Undefeated Inoki, New Stars Shine!

Last week the undefeated Japanese star Inoki extended ruffy Mark Lewin to a drawn in a main event to preserve his undefeated record here which he takes into the featured prelim tonight.

The big, easy-moving, but bruising Jap youngster takes on newcomer K.O. Ken Yates who lokked powerful in his initial appearance here last week.

Other newcomers from last week are in the other big matches. Indio Peon who lost his first start here when tricky Silento Rodriguez caught him with a drop kick off the ropes, will be looking for that first win when he tangles with headliner Cowboy Bob Ellis.

Rodriguez hopes to make it two wins in a row by getting the best of handsome Houstonian Ken Hollis, also a winner here last week and in his debut then.

More new stars are headed here so it means that these newsomers now here must win to hold down their spots!

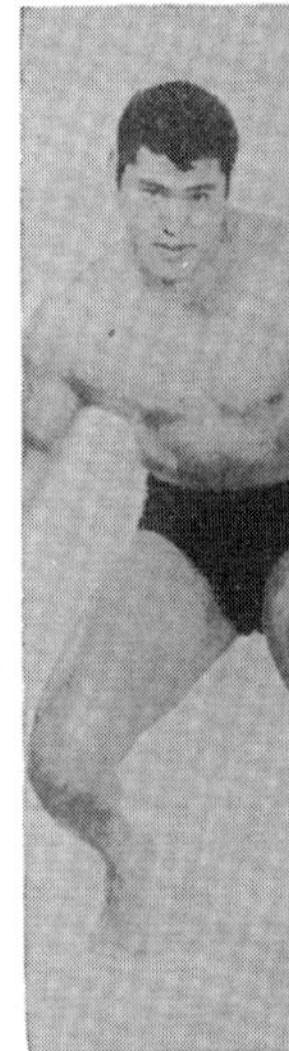

INOKI

2

7・13テキサス州ダラス大会のプログラム。猪木はK.O・イエーテと対戦し勝利。なお、猪木は「UNDEFEATED（無敗）」と紹介されている

HOUSTON

★ Wrestling Program ★

MORRIS P. SIGEL, Promoter — MRS. SHIRLEY STEED, Assistant Promoter

No. 1020 — Friday, July 23, 1965 — Houston, Texas — Phones CA 2-2388-89 — Price 20c

CLAW MEETS CLAW IN SHOWDOWN! THE STAKES ARE TERRIFIC!

Texas Champion Von Erich Is Confident Of Win!

When Duke Keomuka stretches his powerful hand out toward the midsection of Fritz Von Erich tonight one of the most experienced grips in the pro-wrestling game will be ready for the supreme test against the devastating Iron Claw hold of the Texas Champion.

Von Erich thinks he is a shoo-in and is confident that he will win and retain his Texas state title. Keomuka is well aware that a win over Fritz will shake the nation's ratings and could put him in the lead for a world title shot. He wants it.

Tonight's match is scheduled to start with each man getting his claw hold and from that point the bell will ring. For starting in this fashion Von Erich has already received $2,000 from the Duke and Mr. Moto who are anxious to prove beyond question the superiority of the Japanese type claw hold.

If Fritz fails to live up to his bargain and start in this manner the default will cost him the money by forfeit . . . and he could change his mind! But nothing else in the match remains variable, the title is up and the outcome is all important to both men!

THE DUKE IS READY FOR THE IRON CLAW TO BEND OR BREAK

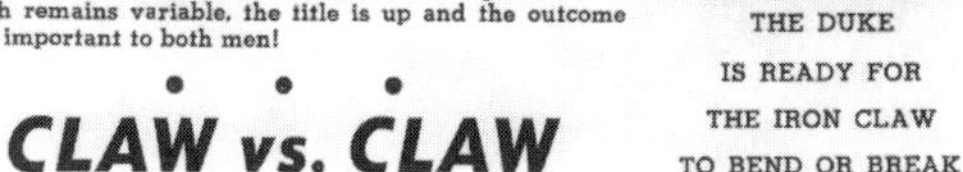

Yokohama Karate Expert Faces Trouble Against Omaha Wildcat!

JAP GIANT

Killer Karl Kox comes back to action tonight in a fit of foul temper. An injured shoulder cost him the verdict in his last match here and he blames the referee for it. Even in a mild manner Kox is meaner than most men . . . and with a full head of steam he could explode like a volcano against the capable Kanji Inoki.

Inoki looked terrific against Maniac Mark Lewin in their 60 minute scramble last week and there is no doubt about the fact that he is one of the finest Japanese wrestlers ever to come here.

But Kox is unimpressed.

"There's too much talk about karate and not enough talk about a good old American kick in the face," growled Kox, "there's a lot of science to that too and I'm the guy who can apply it."

Said Inoki: "He talk very much. Like crazy man with claw hold, he talk too much too."

THE KILLER

7·23テキサス州ヒューストン大会のプログラム。「横浜の空手のエキスパート」と喧伝された猪木は、キラー・カール・コックスと引き分けた

DOUBLE MAIN EVENTS!!

Unbeaten Destroyer Vs Lewin! Kox-Inoki Rematch

INOKI

Despite another epoch battle between Duke Keomuka and Fritz Von Erich, plus the electrifying debut of Gene Kiniski, the Destroyer says he is still the big news here and everywhere in the mat world! And if you look at the record, you might listen well to his argument — especially if he wins tonight.

Looking for his fourth win in as many starts, the Destroyer will take on powerful Mark Lewin. And a main event win might make the fans talk about the Destroyer and his high rating instead of Von Erich and Kiniski and their high ratings.

INOKI TOO!

And when you lose only one out of eleven bouts in Dallas — and that one to Gene Kiniski — you can't rule out a man like Inoki. Inoki was the substitute foe for Kiniski last week, excitedly jumped into the match and did a fine job. And he'd like preparations for a rematch with Kiniski.

Tonight Inoki is actually in a rematch. He will meet Killer Kox. The two went to a sixty minute draw about a month ago and signed for a rematch to be held the following week. But a funeral in the family prevented Kox from being here. So, Kox and Inoki will battle again tonight — and next week when Kox and Fritz Von Erich defend their world tag team title against Inoki and Duke Keomuka.

DESTROYER

7・30ヒューストン大会のプログラム。キラー・カール・コックスとの再戦に勝利

WRESTLING MONDAY NIGHT

TRY, TRY AGAIN

If at first you don't succeed . . .

And that's just what the Fort Worth Promoter is doing . . . trying again to land a contract with

PEPPER GOMEZ

Pepper Gomez for a match with Fritz The Iron Claw Von Erich.

The wires between here and California have been hot for two weeks now and progress is being made. Pepper is such a sought-after competitor that it is hard to find an open date. But it now seems that Pepper will be available in the very near future.

Pepper told Fort Worth fans recently that no man who depended on a Claw Hold could defeat him . . . especially Fritz Von Erich.

"He is just very egotistical and scares people with his big talk," said Pepper. "He don't scare me and he won't whip me in the ring. I am ready to come to Fort Worth any time we can find an open date."

Come on Pepper . . . we are anxious!

Subscribe to Sports News Weekly $3.00 for 52 Issues

MONDAY, AUGUST 9, 1965 — 8:30 P.M.

NORTH SIDE COLISEUM
121 EAST EXCHANGE

For Reservations, Phone MA 4-7269

(Order of matches subject to change without notice. Program subject to change. In any case where a contestant is unable to appear because of circumstances beyond our control suitable substitutions will be made.)

TWO TERRIFIC MAIN EVENTS!

★ ★ ★

THE BOUT THE KILLER COULDN'T DUCK!

TWO OUT OF THREE FALLS—60-MINUTE TIME LIMIT

Louie Tillet [crossed out] vs. HANDSOME DON McCLARITY

★ ★ ★

THE MANIAC FACES THE KARATE EXPERT!

TWO OUT OF THREE FALLS—60-MINUTE TIME LIMIT

MANIAC MARK LEWIN vs. Draw KANJI INOKI

★ ★ ★

TAG TEAM MATCH

ONE FALL TO A FINISH

NIKITA KALMIKOFF and KRUSHER KARLSSEN vs. COWBOY BOB ELLIS and KEN HOLLIS

★ ★ ★

PRELIMINARIES

EACH ONE FALL—15-MINUTE TIME LIMIT

THE BLUE AVENGER vs. LOUIE TILLET

★ ★ ★

K.O. KEN YATES vs. VICTOR RIVERA

★ ★ ★

MARVIN JONES, *Referee*

PEARL BEER DISTRIBUTING CO.
FORT WORTH, TEXAS

SPORTS NEWS

Mail Subscriptions Direct to
SPORTS NEWS
North Side Coliseum
121 East Exchange Ave.
Fort Worth, Texas

1 Year $3.00

For Advertising in Sports News
Call ED 5-9114

Published by
LONE STAR PRINTING CO.
802 South Main St., Ph. ED 5-9114
Fort Worth, Texas 76104

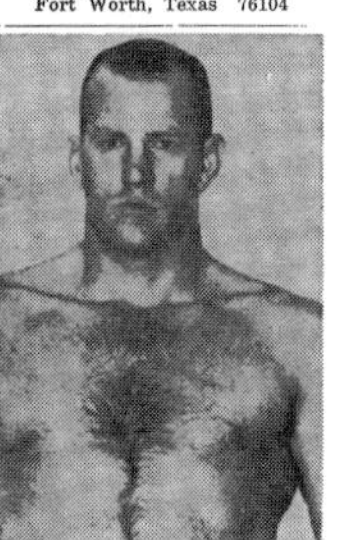

COWBOY, FRITZ FIGHT TO DRAW

The main event and the semi-final match both resulted in draws in the wrestling events at the North Side Coliseum last Monday night.

In the main event, Fritz Von Erich and Cowboy Bob Ellis drew, and Louie Tillet and Don McClarity finished even in the semi-final.

Kanji Inoki whipped Krusher Karlssen in the first preliminary bout, while Ken Hollis beat Ivan Kalmikoff and The Blue Avenger pinned Ken Yates in the other two matches.

8・9テキサス州フォートワース大会のプログラム。メインに登場してマーク・ルーインと引き分けた

Tickets on Sale at Downtown Ticket Agency, Cullum & Boren, 1509 Elm

TUESDAY, AUGUST 10, 1965 - - - 8:30 P.M.

TELEPHONE RI 7-6676 FOR RESERVATIONS

		First Event		
240	KEN (K.O.) YATES Charlotte, N.C.	*vs.*	VICTOR RIVERIA Puerto Rico	215
		1 Fall — 15 Minute Time Limit *Second Event*		
220	KEN HOLLIS Houston	*vs.*	SWEDE KARLSEN Minnesota	260
		1 Fall — 15 Minute Time Limit *Third Event*		
235	COWBOY BOB ELLIS Ft. Worth	*vs.*	NIKITA KALMIKOFF ~~Russia~~	258
		1 Fall — 15 Minute Time Limit *Fourth Event*	MARK LEWIN	
222	THE BLUE AVENGER Mexico City	*vs.*	~~KILLER KOX~~ ~~Omaha~~	245
		1 Fall—15 Minute Time Limit *Special Event*		
230	DON McCLARITY New York City	*vs.* DRAW	MARK LEWIN Buffalo, N. Y.	235
		1 Fall — 15 Minute Time Limit *Semi Final Event*		
240	INOKI Japan	*vs.*	LOUIE TILLET Paris, France	214
		1 Fall — 20 Minute Time Limit **MAIN EVENT**		
218	**DUKE KEOMUKA** Honolulu	VS.	**FRITZ VON ERICH** Lake Dallas	260

Fenced Ring — No Falls, No Disqualifications, No Time Limit, No Referee — Winner Walks Out — Loser Doesn't.

Referees: Marvin Jones, Dick Raines. *Coin Flip Could Determine Order of Matches*

Rasslin' *August 10, 1965*

8・16フォートワース大会のプログラム。セミでルイ・ティレーに勝利

Here's How Russian Roulette Works!

Russian grave digger, Nikita Kalmikoff, issued the challenge that created tonight's opening match, a Russian Roulette battle royal. Battle royal means they are all in the ring at once, 10 tough men; Russian Roulette means that the only way a man can be eliminated is by being thrown over the top rope to the concrete floor.

First man out comes back to meet the second man eliminated, and so forth until 5 matches have been made. Each man has put up $100 as an entry fee and promoter Morris Sigel has matched this with a thousand dollars. The man who remains in the ring when everyone else (except the referees) (and maybe they'll go too!) has been thrown out, gets the $2,000.

MANIAC GETTING IMPATIENT!

Maniac Mark Lewin makes no bones about the fact that his patience is drawing thin and that he is liable to bust loose with a roar that can be heard from here to Austin. Reason? The lack of opportunities given him for main event action!

"I just win matches and watch the rest of these goof balls get the gravy," growled Lewin, "The Destroyer, a good man, sure, but he has never beaten me and yet he gets the main event for the world title. Von Erich? He has never beaten me and yet main event last week and main event next week. They ought to call me Semi final Sam, I'm being semi finalled to death when I can best these guys in the top bouts."

Lewin faces tonight's entry into the Russian Roulette calmly:

"Of course I'll win the $2,000 but they ought to put Thesz and The Destroyer in it and I'd whip them both."

TOKYO TOM TO RETURN!

Tough Tokyo Tom, the man whose ceremony with the Golden Idol made him a marked man here, will return to action next Friday night on the same card that will offer the world title test with a Japanese team stepping in against Von Erich and Kox. There may be some deep connection between these 2 events but promoter Morris Sigel, who was contacted by Tom when he was in the Philippines, doesn't think so.

"Secret Style"!

Duke Keomuka, who broug Kanji Inoki here from Yok hama as his own protege, jubilant over the chance th have to take the world title he next Friday night. "Not on will we get the title but we w get even with Von Erich a Kox at the same time. I wa it known that Von Erich nev beat me with the claw in th match we had, I still say that can not do it and never will able to do it. I'll prove who master when I get him in th ring on Friday night, we'll u our secret tag team style a win that title."

THE CARD

4,0

MAIN EVENT

FOR THE WORLD'S HEAVYWEIGHT CHAMPIONSH

Louis Thesz vs Draw **The Destroy**

CHAMPION — *CHALLENGER*

226 lbs., St. Louis, Missouri — 240 lbs., Califor

2 out of 3 falls — 90 min. time limit

RUSSIAN ROULETTE BATTLE ROYAL

Kanji Inoki 245, Yokohama	**Victor Rivera** 220, San Juan	**Tiger Conway** 230, Houston	**Louis Till** 228, Borde
Don McClarity 230, New York	**Nikita Kalmikoff** 258, Russia	**KO Yates** 205, Charlotts	**Mark Lew** 245, Buff
	Ken Hollis 232, Houston	**Krusher Karlssen** 265, Stockholm	

Tiger Conway	vs	Mark Lewin
Kanji Inoki	vs	Nikita Kalmik
Don McClarty	vs	Krusher Karlss
Ken Hollis	vs Draw	Louie Tillet
Victor Rivera	vs	KO Yates

ALL . . . 1 fall — 15 min. time limit

REFEREES: DICK RAINES . . . and . . . MARVIN JO

8・20ヒューストン大会のプログラム。ニキタ・マルコビッチに勝利

地に5000人以上を収容する大きな会場が存在していたから、確かにギャラ的には大いに満足のいく金額だったろう。ここで初めて、猪木は「完全なメインイベンター」としての扱いを受けた。

当時のテキサス地区は、セントルイス、フロリダ地区、ジョージア地区、ミッドアトランティック地区と並ぶNWAの中心マーケットの一つだったので、常に大物レスラーが4～5人固まって出場するような豪華カードが連日のように組まれていた。猪木が対戦した主な相手はジン・キニスキー、フリッツ・フォン・エリック、ザ・デストロイヤー、キラー・カール・コックス、マーク・ルーイン、ボブ・エリス、アル・コステロ、ルイ・ティイレー、ニック・コザックといった面々だが、2年後（1967年）の4月に日本プロレスにカムバックしたあとにタイトルマッチ（UN、インタータッグ、アジアタッグ）の挑戦者として顔を合わせた名前がズラリと並んでいる。「テキサス時代の思い出の相手」を聞いたとき、猪木は躊躇なくジン・キニスキーの名前を挙げた（8月31日ダラス、9月21日ダラス、9月22日サンアントニオの3戦。猪木は全敗）。

「あの頃、どんな相手と試合をしてもスタミナには絶対の自信があった

8・20ヒューストン大会のメインはNWA世界ヘビー級王者ルー・テーズvsザ・デストロイヤーのタイトルマッチ。猪木は会場でテーズと再会した

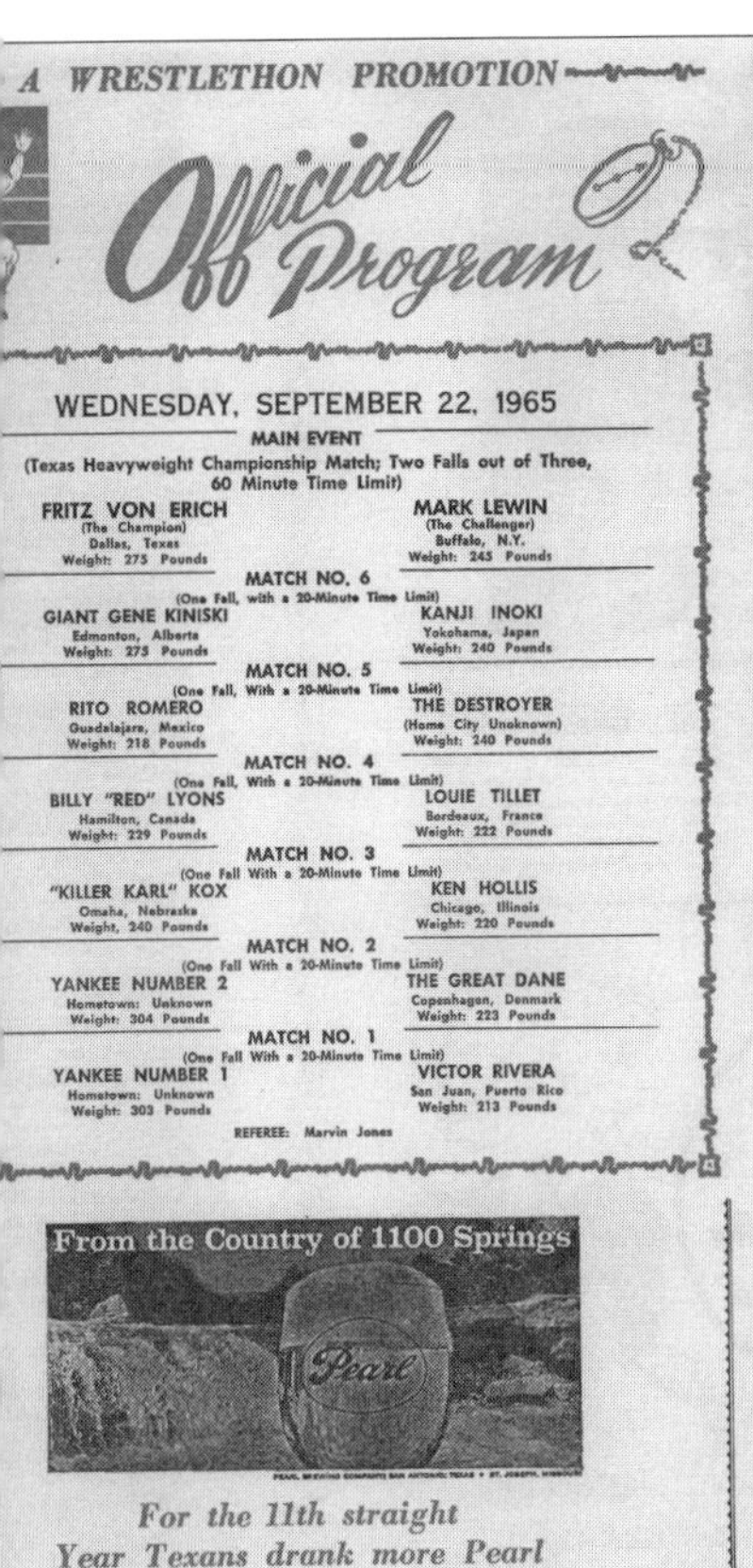

A WRESTLETHON PROMOTION

Official Program

WEDNESDAY, SEPTEMBER 22, 1965

MAIN EVENT
(Texas Heavyweight Championship Match; Two Falls out of Three, 60 Minute Time Limit)

FRITZ VON ERICH (The Champion) Dallas, Texas Weight: 275 Pounds	MARK LEWIN (The Challenger) Buffalo, N.Y. Weight: 245 Pounds

MATCH NO. 6
(One Fall, with a 20-Minute Time Limit)

GIANT GENE KINISKI Edmonton, Alberta Weight: 275 Pounds	KANJI INOKI Yokohama, Japan Weight: 240 Pounds

MATCH NO. 5
(One Fall, With a 20-Minute Time Limit)

RITO ROMERO Guadalajara, Mexico Weight: 218 Pounds	THE DESTROYER (Home City Unknown) Weight: 240 Pounds

MATCH NO. 4
(One Fall, With a 20-Minute Time Limit)

BILLY "RED" LYONS Hamilton, Canada Weight: 229 Pounds	LOUIE TILLET Bordeaux, France Weight: 222 Pounds

MATCH NO. 3
(One Fall With a 20-Minute Time Limit)

"KILLER KARL" KOX Omaha, Nebraska Weight, 240 Pounds	KEN HOLLIS Chicago, Illinois Weight: 220 Pounds

MATCH NO. 2
(One Fall With a 20-Minute Time Limit)

YANKEE NUMBER 2 Hometown: Unknown Weight: 304 Pounds	THE GREAT DANE Copenhagen, Denmark Weight: 223 Pounds

MATCH NO. 1
(One Fall With a 20-Minute Time Limit)

YANKEE NUMBER 1 Hometown: Unknown Weight: 303 Pounds	VICTOR RIVERA San Juan, Puerto Rico Weight: 213 Pounds

REFEREE: Marvin Jones

From the Country of 1100 Springs

Pearl

For the 11th straight Year Texans drank more Pearl than any other beer!

FRESH UP WITH 7up

DRINK BARQ'S "IT'S GOOD"

Coca-Cola

Don't Say Taxi. . . . Say CHECKER CAB CA2-2151

CONCESSION PRICES

	Stands	Audience
Hot Dog	.30	.35
Hamburger	.40	
Barbecue	.60	
Snow Cones	.15	.15
Cotton Candy	.15	.15
Popcorn	.15	.15
Peanuts	.15	.15
Chocolate & Nut covered Ice Cream Bars	.15	.20
Soft Drinks	.10 & .25	.15
Beer	.35 & .40	.35 & .40

YOUR LUCKY NUMBER № 2376

"KILLER KARL" KOX . . . He is as modest as ever and says nothing except that he is the greatest and will whip anybody who gets into the ring with him.

'Killer Karl' Ready To Whip 'Em All

"Killer Karl" Kox is back after a triumphant tour to the North and there is no evidence that he has changed—unless he is a little tougher and meaner than before, if that is possible.

He still talks big but more than likely he will back up those big words with some big action, just like he has always done.

"I see you have some new punks around who think they are tough," Kox said when he accepted the place on this program and the main event for next Wednesday night's card at the Wrestlethon. "That's fine with me—just line 'em up and I'll knock 'em down, and it won't take anybody very long to discover who is the top man around this town. It's still the old Killer, just like it has always been."

Kox went to Detroit after wrestling here the last time and within a month was the No. 1 star in that section of the country.

BLANCHARD CHALLENGES DANNY McSHANE AGAIN

Joe Blanchard is about to give up all hope but he wants it known he is still trying to get Danny McShane to take a match with him, under any conditions. "I've insulted him and threatened him but the jerk just won't wrestle. But here it is again—I challenge him to any kind of match and he can set the terms for it, even if I can use only one hand." There you are, Danny Boy. ★★

"JUST A BLOCK AWAY" (Ave. B & Grayson) AAA ICE HOUSE "COLDEST BEER IN TOWN"

が、キニスキーだけにはスタミナ負けした」

　猪木がこれほどまでに「完敗」を認めたのは、長いレスラー生涯の中で、ひょっとするとキニスキーだけだったのではないかと思う。とにかく「負けの認め方」が潔く、表情から清々しい感さえ受けた。

　もう一人、私から振った名前ではないが、対戦相手となったりタッグ・パートナーになったりして、よく一緒に巡業したという「KO・イエーテ」に

INOKI –vs.– KINISKI

The "Big Thunder From the North" – that's Giant Gene Kiniski–will have his hands full here tonight when he tangles for the first time with this clever Japanese, and he will be in for real trouble if he hasn't been informed of the power that Inoki gets into his arm lock. That is the weapon that came close to finishing off Fritz Von Erich. Kiniski is known as one of wrestling's most powerful stars–he is 6-5 and weighs 278 pounds–and will try to use that strength to down Inoki.

Tonina Here Tonight as Romero's Second

Rito Romero will prove to his many local friends that he is as great a mat star as ever when he opposes The Destroyer here tonight–but those friends probably will notice that something new has been added to Romero's part of the ring.

The powerful figure in there as his second and manager will be Tonina, who would be Mexico's greatest wrestler if there wasn't a guy named Romero around.

Although semi-retired and busy making movies, Tonina still finds time for a few big matches in his native country. And now he is here hoping that he can help Rito win from this masked man of mystery.

RITO ROMERO . . . His countless San Antonio friends and admirers hope this great Mexican champion can return here soon.

DESTROYER –vs.– ROME

Mexico's greatest athlete, Rito will throw all his talent against one ring's real mystery men in this ma nobody around here knows who The D is or where he comes from. But proved to one and all that he is one greatest stars ever to perform at the thon and he promises to keep Rito the time they are in the ring. But Rito is something to watch, as all tonio fans know.

TILLET –vs.– LYONS

Billy "Red" Lyons and Louie Tille call this match a Canadian cham bout. Lyons is known as that greatest athlete and Tillet first la Canada after leaving his native Fran promises to be a wild battle all and the fans will be keeping a sh on Lyons. He is rated as one of the but they know how good Tillet is Lyons is the winner they will know as classy as he has been rated.

KOX –vs.– HOLLIS

Ken Hollis is still undefeated in tonio but his perfect record is in rea on this card, for "Killer Karl" is prove that he is greater than ever, pretty great. Kox knows every trick book and can make up some new he goes along, and nobody in wrestl be as rough as he is when he is goin Look for a wild battle here, all the

YANKEE –vs.– GREAT D

This is Yankee Number Two o Mighty Yankees" team and at 304 he will be the biggest wrestler aro Auditorium. He also is a tough con proving that at the Wrestlethon last His size and strength will make hi to handle but the Dane figures he the answers to this kind of problem

YANKEE –vs.– RIVERA

Yankee Number One, who weigh only 303 pounds, and Victor Rive speedy Puerto Rican, will be in this raiser, and Rivera will be matching mous speed of his against brute po a lot of pounds. But Victor says he h victorious before against men as big Yankee and he expects to have hi raised again.

9・22テキサス州サンアントニオ大会のプログラム。この大会にはフリッツ・フォン・エリック、ジン・キニスキー、ザ・デストロイヤー、マーク・ルーイン、キラー・カール・コックスなど大物レスラーが大挙登場。猪木はセミを務め、キニスキーと対戦（敗北）

ついて興味深い話を披露してくれた。イエーテは1971年11月30日から12月12日にかけて「ケン・イーッ」のリングネームで国際プロレスに一度だけ来日しているが、猪木は来日した事実を知らなかったようで「え？（日本に）来ていたの？」と少し驚いたような反応をした。日本プロレスから造反疑いを受けて除名された時期だったので、（イエーテ来日を）覚えていなかったのも無理はないと思うが、「来ているのを知っていたら、ぜひ再会したかった」という印象を受けた。

「KO・イエーテという奴は、プロボクサーのライセンスも持っていて、実際にプロレスをやる前にはプロボクサーで何試合もやっていた。一緒にジムに行ってサンドバックを打っているのを何度か見たが、『さすがにアメリカのヘビー級ボクサーというのは、すごくパンチが重いし、速いな』と感心した。私も初めてグローブをつけて叩いてみたら、それを見ていたイエーテに『お前は筋がいい。一度、ボクサーになってみないか？』と真面目な顔で言われた。モハメッド・アリと戦ったときにイエーテのことを思い出したが、あれが、私とボクシングの最初の遭遇だった」

ジン・キニスキー

日本人レスラーの海外思い出話を聞いているとき、K O・イエーテのような「唐突に出てくる名前」が一番興味深い。キニスキーとかエリックとかコックスのような一流レスラーではなく、どちらかと言えば前座が多かった職人タイプのレスラーには含蓄あるエピソードが多い。もう一人、巡業中にビクター・リベラと一緒にフォートワース市内のYMCAに行ったら、入り口でリベラがジムの責任者に「黒人は入れない」と言われたときのことも話してくれた。

「リベラは『気にするな。お前だけで練習したらいいよ』と言ったが、私も腹が立ったので、リベラと一緒にそこを出て、他の練習場所を探した。まだまだアメリカでは各地で黒人の差別があった時期だが、それを露骨に感じたのはあのときだった」

リベラも、のちに日本プロレス時期に初来日して猪木と好勝負を展開し、新日本を旗揚げしたあとも、レギュラーとして何度も招聘されている。年齢もほぼ同じで、猪木からすると「同期の桜」的な存在だったろう。余談になってしまうが、昭和に来日した一流レスラーの中で、「生存確認不可」、つまり「現在も生きているのか、はたまた死んでいるのか不明」という状況なのは、このリベラとホースト・ホフマンの二人である。

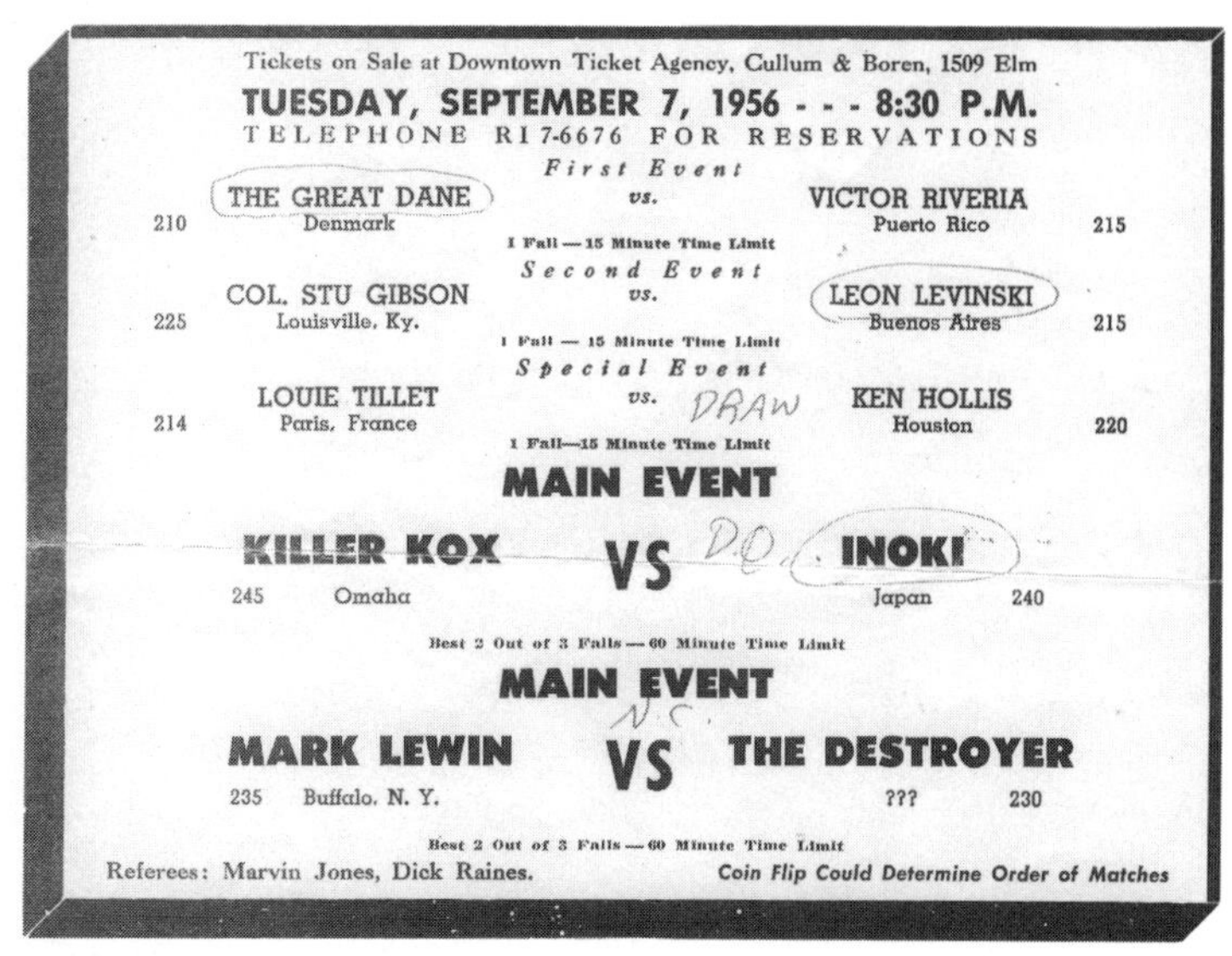
Tickets on Sale at Downtown Ticket Agency, Cullum & Boren, 1509 Elm

TUESDAY, SEPTEMBER 7, 1956 - - - 8:30 P.M.

TELEPHONE RI 7-6676 FOR RESERVATIONS

First Event

210	THE GREAT DANE Denmark	vs.	VICTOR RIVERIA Puerto Rico	215

1 Fall — 15 Minute Time Limit

Second Event

225	COL. STU GIBSON Louisville, Ky.	vs.	LEON LEVINSKI Buenos Aires	215

1 Fall — 15 Minute Time Limit

Special Event

214	LOUIE TILLET Paris, France	vs. DRAW	KEN HOLLIS Houston	220

1 Fall—15 Minute Time Limit

MAIN EVENT

245	KILLER KOX Omaha	VS D.Q.	INOKI Japan	240

Best 2 Out of 3 Falls — 60 Minute Time Limit

MAIN EVENT

235	MARK LEWIN Buffalo, N. Y.	N.C. VS	THE DESTROYER ???	230

Best 2 Out of 3 Falls — 60 Minute Time Limit

Referees: Marvin Jones, Dick Raines. *Coin Flip Could Determine Order of Matches*

September 7, 1965

9・7ダラス大会のプログラム。第1試合に登場のビクター・リベラは巡業仲間だった。この日、猪木はダブルメイン第1試合でキラー・カール・コックスに反則勝ち

「田吾作タイツ」を2～3回着用、ヒロ・マツダとコンビを結成

猪木は11月5日のヒューストン（ニック・コザックに敗戦）を最後にテキサス地区を打ち上げ、8日からテネシー地区に入った。初戦（メンフィス）で、いわゆる「田吾作タイツ」を着た写真が残っているので本人にそれを見せたら、「ヒューストンから荷物を送ったが、到着が遅くて、現地にいた日系のトージョー・ヤマモトからタイツを借りて試合をした。トージョーは田吾作のロングタイツしか持っていなかったから、あれは仕方がなかった」と苦笑しながら答えてくれた。猪木自身は田吾作タイツ着用は「初戦だけだった」と述懐しているが、実際には2～3試合このスタイルだった。

しばらくシングルマッチのサーキットが

続いたが、11月25日から、フロリダを主戦場にしていたヒロ・マツダが合流した。これはテキサス地区でタッグを組んでいたデューク・ケオムカの指示によるもので、ここから約2カ月半、猪木とマツダはタッグチームとしてテネシー各地をサーキットする。マツダは当時28歳で、猪木より6歳上。既に前年（1964年）7月、タンパでダニー・ホッジを破りNWA世界ジュニアヘビー級王

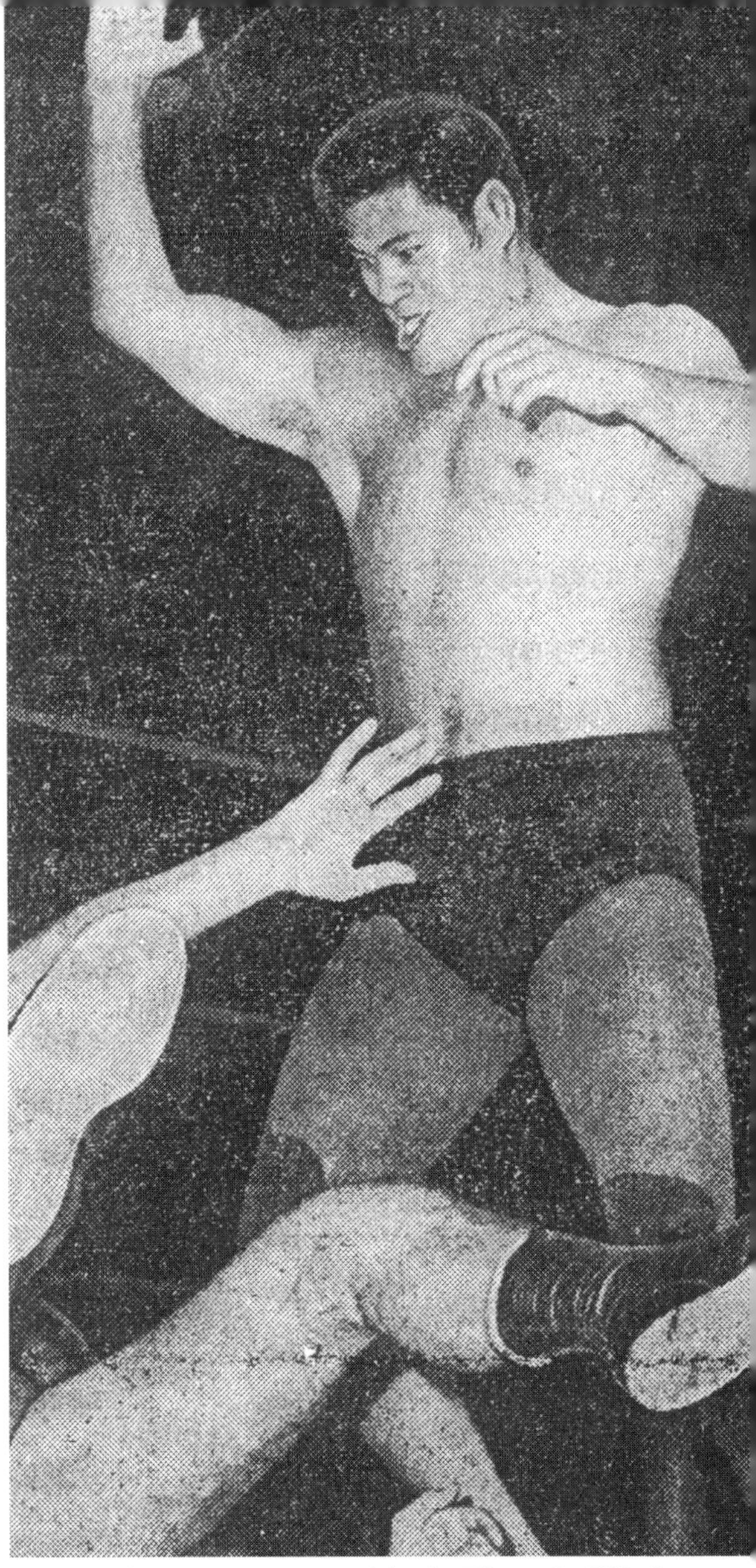

テネシー地区初戦となる11・8メンフィス大会に「田吾作タイツ」で登場。荷物の到着が遅れたための緊急措置だったが、2〜3試合この姿でファイト

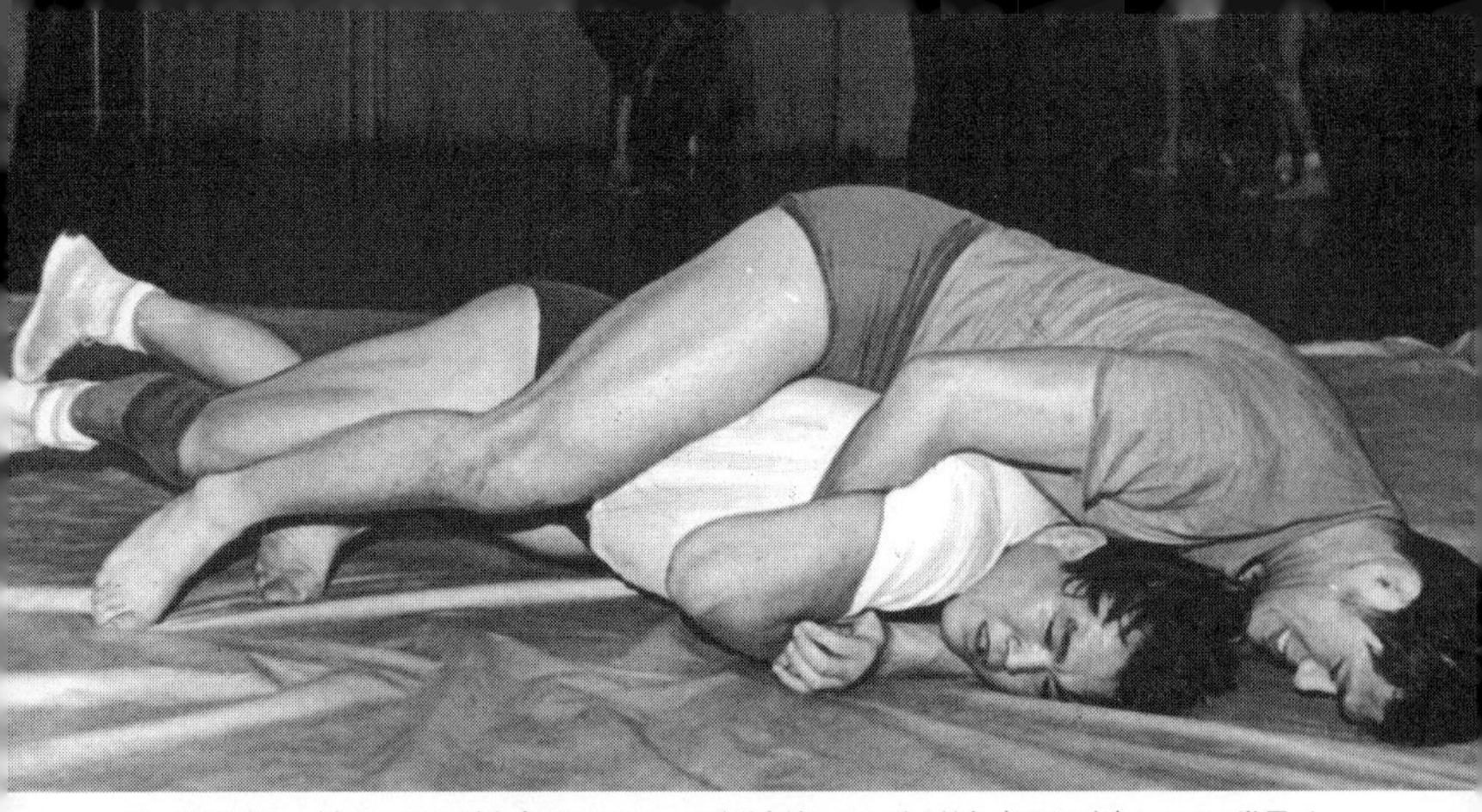

11・25テネシー州チャタヌーガ大会からヒロ・マツダが合流。マツダは前年（1964年）にNWA世界ジュニアヘビー級王者となっており、すでにトップスターの地位を確立していた。写真は猪木とマツダのスパーリング風景

座を奪取したことで、一流の売れっ子スターの仲間入りを果たしていた（王座は4カ月後にアンジェロ・サボルディに敗れ転落）。このページに掲載の写真から見ると猪木のほうが5センチほど背が高く、おそらく5キロ前後ウェイトがあったような印象だが、この段階での実力で言うとほぼ互角、むしろ、キャリアで勝るマツダがやや上回っていたのではないかと思う。二人が日本のリングで対戦したのはこの13年後、1978年12月16日の新日本プロレス・蔵前国技館（プレ日本選手権・決勝戦＝猪木が23分6秒に卍固めで勝利）だったが、マツダが肉体的ピークを過ぎていた時期だったのが惜しまれる。

私は猪木に対し、マツダの実力について質問をしたことはない。同じ世代の日本人トップレスラーについては答えにくいと思うし、そういう質問は失礼だと思うから、どうしても踏み込めない。マツダにインタビューしたとき（1980年2月8日、京王プラザホテル）も、猪木については聞いていない。負け惜しみではなく「質問しておけば良かった」という後悔はない。大レスラーに「相互の実力診断」をさせても、

本音は返ってこなかっただろう。そのあたりの実力比較は、「見るほう」が冷静沈着に判断するしかない。佐山サトル氏（初代タイガーマスク）は事あるごとに「猪木さんとマツダさんの試合は、まさに達人同士の戦いだ」と絶賛しているが、確かにあの「プレ日本選手権・決勝戦」は見返すたびに新しい発見ができる。

猪木にはマツダとのタッグチームのみならず、シングルでもメイン登場のビッグチャンスが与えられた。11月29日、メンフィスのミュンシパル・オーデトリアムで超大物・ウィルバー・スナイダーの保持するUSヘビー級王座に挑戦している（当時スナイダーはインディアナ州インディアナポリスが主戦場であり、このメンフィス南下はワンナイトのみのスポット参戦だったので、このときのUSヘビー級王座の出自は不明）。日本では、「1本目は11分45秒、ネックブリーカー・ドロップからの体固めで猪木が先制、2本目は10分41秒、十字架固めでスナイダーがタイスコアとし、3本目は2分15秒、コブラツイストでスナイダーが取って2対1で勝利」と報道された（153ページの『スポーツ毎夕』参照）。しかし、UPI電は「1本目は猪木、2本目はスナイダー、3本目は猪木がレフェリーを暴行して倒してしまったために、反則負

テネシー地区で猪木はマツダとタッグチームとして活躍。写真は12・28ナッシュビル大会。猪木&マツダがミステリアス・メディックスのNWA南部タッグ王座に挑戦

中西部三州認定 USヘビー級選手権戦

ついに猪木の"テネシー殴り込み"の野望のひとつが実現した。「限りある身の力ためさん……」と六人の王者、四つのタイトルに挑戦状を叩きつけていた猪木の闘志をかって、まず一番手、中西部三州認定USヘビー級チャンピオンの大豪ウィルバー・シュナイダーが受けて立ったのだ。猪木はこの試合のために二日間休養をとり、コンディションを調整、体調をベストにしてリングにあがった。「シュナイダーはボクの理想に近い男、きょうは思いきってボクのすべてを叩きつける!」猪木はそういってショーマン的な日系タイツを地味な黒タイツにはきかえていた。"きょうは実力で勝負を—"というかたい決意のあらわれである。王者シュナイダーは元NWA世界選手権者、現在NWA第一位、中西部三州チャンピオンという米国プロレス界屈指の強豪。灰色の渋いガウンに長身を包み、落ちつきはらった表情で猪木の試合前の動作を追っていた。

猪木、片腕で"死の特攻"

大豪シュナイダーの底力に散る

㊤シュナイダーを果敢なトーホールドで攻める猪木 ㊦シュナイダーの強烈なボデーシザース（胴締め）をヒザ打ちで脱出しようとする猪木（UPI・サン特約＝ナッシュビル→東京電送）

電光二段殺法に涙

牙城抜けず 首折り先制もむなし

▽60分3本勝負
ウィルバー・シュナイダー（2−1）猪木完至
①猪木（11分45秒 体固め）シュナイダー
②シュナイダー（10分41秒 十字架固め）猪木
③シュナイダー（2分15秒 アバラ折り）猪木

1本目

ゴングと同時に猪木が勢いよく飛びだした。リング中央でガッと首の取り合い…1分余の力比べのあと猪木がパッとバックを取った。シュナイダーは右のからだをひねって逃げると逆に猪木のバックへ回る。

激しいバックの取り合いが続いた。七度目、シュナイダーは右足で猪木の足をひっかけるスライディングレッグシザース…一気に倒してたたみこむようにダブルレッグロック、猪木がロープへ逃げるとパッと離れ、次の瞬間、今度はアームロックからキーロックをねらう。

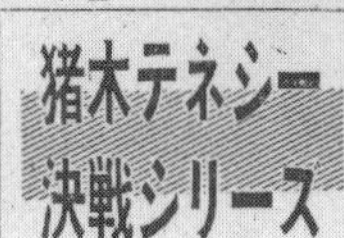
猪木テネシー決戦シリーズ
第4戦ナッシュビル大会

だが猪木も必死だ。シュナイダーに負けぬスピードでロープに逃げると、立ちあがりざま猛烈なアイリッシュホイップ!シュナイダーの巨体が空中に弧を描きキャンバスに沈む。次の瞬間立つのも早かったが、猪木の投げるのも早かった。立ってくるのをポンポンとマットに叩きつけること十一回!今度はフライングヘッドシザース!!ドッと猪木ファンが歓声をあげ、試合は猪木が若さで押しまくって大豪シュナイダーをゆさぶりつづけるペースで展開していった。

シュナイダーもやられっぱなしではいない。フライングヘッドシザースの返礼からついにキーロックに猪木の左腕をとらえて逆襲、猪木の腕を白くなるほど締めつづけて観客をうならせた。シュナイダーの「ハッ、ハッ」という気合いと猪木の「カモン…カモン」という気合いの応酬に観客は静まりかえり息をのんで両雄の動きを追う。10分過ぎ猪木の殺しワザが爆発した。

シュナイダーを豪快なハンマー投げでロープに叩きつけるとはね返るところへすばらしいタイミングでドロップキック のカウンター、シュナイダーはもんどり打ってマットに沈んだ。猪木はラッシュした。立ちあがったシュナイダーの腹へニースタンプを連打すると左右空手チョップの メッタ打ち この猛攻にめんくらったようにフラフラ立ち。痛みに耐えるシュナイダーの首を猪木はスルスルと巻きこむと背中に背負って一回転、思いきり後頭部をマットに叩きつけた。必殺ネックブリーカードロップ（首折り落とし）猪木 はこれ

原田が早くも"新減量作戦"

"減量"はまずまず計画通りにいっているようだ。「一週間たった現在の原田は130ポンド前後のウエートにとどまっている。しかし当

崎 長

11・29メンフィス大会のスナイダー戦（USヘビー級選手権）を報じた『スポーツ毎夕』紙面。1対1からの3本目、猪木がコブラツイストで敗れたと記している

SPECIAL FOR SUNTELEPHOTO TKP 1110
MPP 113001-11/30-MEMPHIS,TENN: JAPANESE WRESTLER TANJI INOKI WON T HIS FALL BUT LOST THE SECOND TO WILBUR SNYDER AND WAS DISQUALIFIED WHEN HE KNOCKED THE REFEREE DOWN IN A U.S. CHAMPIONSHIP MATCH AT THE MUNICIPAL AUDITORIUM HERE 11/29 , A CROWD OF 6,000 SAW SNYDER RETAIN HIS BELT. UPI

11・29メンフィス大会のスナイダー戦について、UPI電は「3本目、猪木がレフェリーに暴行して倒したため反則負け」と報じた

けとなった」と伝えている（154ページ参照）。UPIはカメラマンが写真を撮って、そのカメラマンが試合の模様をタイプしていたのだから、間違うはずがない。なぜ、わざわざ日本の新聞が敢えて「コブラツイストによる、猪木のギブアップ負け」などと事実を極端に曲げたのだろうか？

スナイダーはこの試合の4カ月後、日本プロレスの「第8回ワールドリーグ戦」にエースとして初来日しているので、おそらくこの段階で既に来日情報は出回っていたのだろう。その結果、「ガイジン側のエースが、修行中の猪木と互角というのはマズイ」との（マスコミ側の）忖度が働いたからだと予測されるが、当たらずといえども遠からずだろう。メンフィス地区には、実力的にスナイダーと60分3本勝負をやってメインを張れる実力者がいなかったのも事実だろうが、「ヨソ者」の猪木が堂々とシングルマッチでメインに抜擢されたのは、大いに自慢できる快挙だった。テキサス時代のキニスキー戦と並び、このスナイダー戦は「アメリカ武者修行時期における超大物とのシングル戦」として猪木ヒストリーに特筆される。この新聞記事を猪木本人が目にすることはなかったと思われるが、万が一見ていたら「なんで俺がギブアップ負けになっているのか？」と怒っていただろう。このあたりから、翌年3月の「太平洋上の猪木略奪事件」の萌芽を見る。

1966年（昭和41年）

狂瀾怒涛の東京プロレス旗揚げ

豊登の新団体構想を聞いて腰が抜ける

猪木にとって凱旋帰国の年、１９６６年を迎えた。

テネシー時代に猪木にギャラを支払っていたのはニック・グラスというプロモーターだったが、猪木は述懐の中で正確に（アメリカ人のように）「ニグラース」と発音していた。

「ニグラースは支払いが悪くて、会場がどんなに超満員になっても満足できるギャラをくれなかった。毎日のようにメインイベントに出ていたが、いくら頑張っても支払いが悪いので、年明けに（ヒロ・）マツダさんと話して『もうテネシーは出るしかない』との結論に達した」

ちょうどその頃、時期的には１月の中旬から下旬だったと想像できるが、宿泊していたメンフィスのホテルに、日本の豊登から長距離電話が入ったという。

「6月にロスを出たあとは、日本プロレスの情勢は全くわからなかったし、毎日試合の連続だったから、気にしている時間もなかった。豊さんは自分が日本プロレスを辞めたことを説明して、『お前は、これからどうするのか？』と聞いてきたから、『あまりにもギャラが悪いので、しばらくしたらロスに移動する予定です』と言った。豊さんは『じゃあ、ロスに着いたら、若柳（リトル・トーキョーにある日本料理の店）に連絡しておいてくれ。電話するから』と言ったが、それ以上の詳しいことは言わなかった。ただ、この電話で、豊さんはハッキリと『俺は新しい団体を作る。岸信介さん（元・首相）が代表になるかもしれない。10億円集まるから、資金は大丈夫だ。一緒にやろう』と言ってきた。マツダさんに聞いたら同様の勧誘を受けている感じだったが、彼は『雲をつかむような話だ』と、相手にしていなかった。この段階で、日本プロレスからは一切、電話も手紙も来ていなかった」

安いギャラで嫌気がさしていたとはいえ、そこは猪木もマツダもプロである。ニック・グラスに限らず、「レスラー側の意思」でテリトリーを出ていく場合は、当時は最低でも「3週間前に（出ますよ、という）ノーティス（通知）を出すこと」が義務付けられていた。猪木とマツダがテネシー地区の最終戦をやったのが2月14日だったので、逆算すると1月24日までにはノーティスを出していたことになる。

1月初旬からは連日強敵タッグチームとの対戦が続き、猪木・マツダ組は紛れもなく「テネシー地区の主役」として各地に満員の観客を動員した。当時の東京スポーツとスポーツ毎夕には、まず1965年の年末にメンフィスでザ・ミステリアス・メディックス（トニー・ゴンザレスとドナルド・ローティ）から「南部タッグ王座を奪取した」と報道しているが、王座を獲得した事実はない。年明けの1966年1月11日には同じくメンフィスでレン・ロッシー、マリオ・ミラノとタイトルを賭けて対戦しているが、ここでは1対2で敗れて南部タッグ王座獲得は達成できていない。だが、1月27日にはチャタヌーガでエディ・グラハム、サム・ステンボートと対戦して「テネシー版NWA世界タッグ王座」を奪取し、ここで初めてベルトを巻く写真が確認されている。

「これは凄い！　NWA世界ヘビー級王者並みだな！」と感心するのは、2月7日にメンフィスでマツダと組んでグラハム、ステンボート組と再戦（ノンタイトル）した翌日にダラスに飛び、デュークス・ケオムカと組んでザ・デストロイヤー、ゴールデン・テラー（クライド・スティーフス＝ミスター・アトミック）の挑戦を受けてダラス地区のNWA世界タッグ王座の防衛戦をこなしていることだ（王座奪取の記録が見当たらないが、おそらく前年9月にコックス、エリック組と無効試合になった一戦が理由で、ここで王者チームとしてアレンジされた可能性が高い）。このタイトルマッチは負けたが、翌9日にはテネシーのナッシュビルに戻って試合をしている（マツダと組んでグラハム、ステンボートに反則負け）。ダラスとメンフィスは、当時の自動車だと片道20時間くらいかかる距離なので、「飛行機による移動」だったことは間違いない。よその地区で活躍している選手を「1日だけ、飛行機賃を払って」レンタルすることは異例中の異例だが、猪木はダラス・オフィスにとって「往復の飛行機代を負担してでも、絶対必要の大物」だった証明と言える。このケースは、2年間の武者修行の中で、ここしかない。既にニック・グラスに対して（テネシーを離れる、との）ノーティスをしていた猪木とすれば「俺は、お前の安いギャラでコキ使われるような小物じゃ

（上）1・11テネシー州メンフィスでマツダと組んでマリオ・ミラノ&レン・ロッシーの南部タッグ王座に挑戦。1対2で敗れ王座奪取ならず。猪木もマツダも裸足でファイト　（下）1・27テネシー州チャタヌーガにおいてマツダとのコンビでエディ・グラハム&サム・ステンボートの保持するテネシー版NWA世界タッグ王座に挑戦。写真はグラハムに

猪木&マツダはグラハム&ステンボートを2対1で破りテネシー版NWA世界タッグ王座に就いた(1・27チャタヌーガ)

1・29メンフィスでヘイスタック・カルホーン&ジャッキー・ファーゴと戦う猪木&マツダ

ない。テキサスから日帰りで声がかかる大物なんだよ」という強烈なアピールをしたことになる。

2月14日のメンフィス戦（NWAタッグ選手権＝マツダと組んで、グラハム、ステンボートに反則負け）を最後にテネシー遠征を切り上げた猪木は、翌15日にダイアナさんと文子ちゃんを乗せてモンタナ州ビュッテ（ダイアナさんの両親が住む家）に向け、アメリカ大陸横断のドライブに出た。猪木はそのドライブについて「アメリカに来て2年、あれが最初で最後の旅行だった。ダイアナがハンドルを握り、私は後部座席で娘をあやしながら、ロッキー山脈の雄大な大自然を眺めてリラックスしていた」と述懐していたが、テネシー州からモンタナ州はおそらく3泊4日、あるいは4泊5日の長旅だったと想像できる。フ

RASSLIN'

SPORTATORIUM - Cadiz & Industrial - DALLAS

Febrnuary 1, 1966 Dallas Wrestling Club 15c

WORLD TEAM CHAMPS INOKI & KEOMUKA DEFEND TUESDAY!

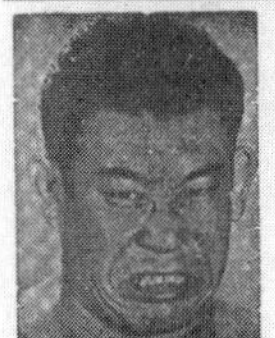

Regular Prices Next Week As Duke-Inoki Defend World Title Against Destroyer And Terror!!

Duke Keomuka and his big Japanese partner Inoki won the world tag team title in the Sportatorium ring. And next Tuesday they will return to defend it!

The powerful Jap champs will fly in for the defense. Bui, remember this, regular prices will prevail! This is a bonus from Promoter Ed McLemore!

Keomuka features the painful and compelling claw hold as applied to the stomach. He, like Inoki and all the star Japs, also has a potent sleeper plus judo chops galore.

Keomuka is the winningest grappler ever to step into the Sportatorium ring and seeing him in that big title match next Tuesday will be quite a treat — at regular prices!

WORLD CHAMP KINISKI SIGNED!

Ed McLemore Scoops Mat World!!

While new world champion Gene Kiniski is busy filling the dates of the deposed champion, Lou Thesz, Promoter Ed McLemore has been busy and has a commitment from Kiniskzi for his first Texas defense here in early March!

And it looks a though McLemore will further scoop the mat world by presenting the "Dream Match," the number one contender Fritz Von Erich vs. the powerful new title-holder!

Von Erich beat Kiniski here twice last year. At the time Kiniski was rated right behind Von Erich. But as the ring-wise Von Erich said them — "whoever gets Thesz first will get the title."

However Von Erich, like the champion, has all the top names still after him — especially Ernie Ladd, the giant football star who had a run-in with him last week. Ladd will return as soon as a Von Erich bout in Dallas is possible!

Ernie Ladd Wants Claw King!!
Von Erich-Lyons In Handicaps!!

FRITZ VON ERICH
NUMBER 1

2・8テキサス州ダラス大会のプログラム。猪木はデューク・ケオムカと組んでザ・デストロイヤー&ゴールデン・テラーを相手にダラス地区NWA世界タッグ王座の防衛戦を行い敗北

リーウェイ沿いにあるモーテルに泊まっての旅だったろうが、生後間もない文子ちゃんは母乳を欲するタイミングもままならず、さぞかし苦痛の旅だったろう。

おそらく2月20日前後にビュッテに到着した猪木は、そこでようやくロスの「若柳」に電話を入れた。

「若柳のオヤジさんから、『豊登は放漫経営で日本プロレスから追放された。新しい団体を旗揚げすることは確実で、そのメンバーには猪木さんの名前も入っている』と聞かされて腰が抜けるほど驚いた。メンフィスで電話をもらったとき、豊さんは自分の意思で日本プロレスを辞めたと言っていたが、オヤジさんの説明は全く違っていた」

日本プロレスに対する小さな不審と豊登に対する絶対の信頼

あまりビュッテに長居するのはマズイ、と判断した猪木は、ロスのミスター・モトに連絡を取り、3月2日からホノルルのリングに上がる約束をした。だが2年間の疲れが出たか、ここで猪木は体調を崩し、2月25日前後にモトに対して「すみませんが、ホノルルの試合は出られない。キャンセルしてください」と連絡を入れた。このあと体調を回復させてようやくロス（クラーク・ホテル）に着いたのは3月7日で、そこで猪木は東京スポーツの櫻井康雄デスクから電話取材を受けている。櫻井氏は後年、次のように回想してくれた。

「私が電話したのは、間違いなくクラーク・ホテルです。3月9日だったと思う。国際電話がものすごく高い時代だったから、せいぜい10分くらいの取材でした。猪木はその時点で、既に日本プロレスから一回だけ、コンタクトがあったようでした。一番気にしていたのは、契約がガイジンと一緒で、週にいくら、という提示だったことです。どうして自分は他の日本人選手と違うのか？　固定給で貰えないのか？　という点を、しきりに聞いてきた。既に、『ヒロ・マツダが日本プロレスに来日しそうだ』という情報は盛んに流れていたから、私は『よくわからないが、おそらく、マツダさんと同じような条件で、猪木さんにもオファーが行ったのでは？』と答えました。沖識名が（ロスに）猪木を迎えに行くことは知っていたので、『とにかく、そこで沖さんに聞けばわかると思い

テネシー地区を離れた猪木はモンタナ州を経てカリフォルニア州ロサンゼルスに戻った。写真はロス到着直後の3月9日、クラーク・ホテルの前で撮影されたもの

ます』と言ったら、猪木は『アメリカ本土を出るにあたって出国税の清算があるから、沖さんには、その手伝いで来てもらうことになっている』と言いましたね。実際は、かなり巡業中にギャンブルでスッてしまっていて、最後に国税局あてに支払う税金の分を貯金していなかったようでした。沖さんは現金を持参して、猪木の分を払ったわけです。それは、あとで沖さんから聞いた話ですがね。豊登の状況を説明したら、『わかった。今、豊さんはどこにいるの?』と聞いてきた。『ニューオータニにいます。そちらに連絡はないのですか?』と言ったら、『テネシーで電話があったときに、ロスに来たらまた必ず電話すると言っていたが、待てど暮らせど電話が来ない』と困っていましたね。沖と一緒にロスを出たのは11日でしたが、その段階では、豊登についていくという雰囲気は感じなかったですね」

猪木がいくら金銭に無頓着とはいえ、「日本プロレスを離れる」ことを完全に決意していたら、この段階でシャーシャーと沖識名に出国税を（立て替えて）払わせたりはしないだろう。そこは「ここは、私が払います。日本プロレスに借りは作れない」と言い切って、「若柳のオヤジさん」にでも頼んで工面したに違いない。上記の櫻井氏の推理は正しかったと思う。

猪木は3月11日（現地時間＝以下のハワイの日付も全て現地時間）の午後1時、沖と共にホノルルに到着した。「沖さんは空港に着くとすぐに、自分の自宅に戻ってしまって、私だけ空港に取り残された。しかたがないので、空港で待っていた東京スポーツの山田隆記者とタクシーに乗り、『ロイヤル・トロピカーナ・ホテル』に行くと、私の部屋が予約されていなかった。これにはカチンときたが、仕方がないのでその夜だけツインベッドの山田さんの部屋に泊めてもらった」（猪木）

沖の「つれない態度」と「ホテルが予約されていなかったこと」は大きなポイントである。特に後者、ホテル予約は日本プロレスの致命的なミステイクであり（確信犯？）、猪木のプライドを著しく傷つけた。

馬場と吉村は13日に同じホテルにチェックインしたが、猪木は11日に夜に（山田ルームに）一泊しただけで、翌朝に（市内にある）ディーン樋口の家に移動、4月22日にホノルルを離れるまでそこを拠点にしている。豊登がホノルルに来たときの世話役、タニマチでもあったヒュー山城夫妻（ホノルル市内にあった大手スーパーマーケットのオーナー）は樋口一家とも親しい関係にあり、おそらく、猪木が樋口邸に身を寄せることは、最初から決まっていた行動のようにも思える。そうすることによって、日本にいる豊登と猪木は常に（山城夫妻、樋口を通じて）電話連絡が取れる状況に

1965年11月にインターナショナル王者となり、日本プロレスの看板エースに君臨する馬場は、アジアタッグ王者のパートナーである吉村と共に3月中旬、ワールドリーグ戦を見据えてハワイで特訓を敢行。トレーニングを終えた馬場と吉村は3月20日帰国。本来は猪木も一緒に凱旋する予定だったが、猪木は帰国をドタキャン

なるし、馬場、吉村、沖の3人に〝監視〟されずに済むからだ。

3月14日、馬場、吉村はワイキキビーチで猪木と2年ぶりに対面する。

「馬場さんも吉村さんも、『よお』と言っただけで、妙につれない。沖さんは『仕事の話は全て吉村としてくれ』と言ったが、一向にその話題にもならない。仲間外れにされ、必要とされていない雰囲気を感じた。日本では『猪木は豊登に協力し、行動を共にする』と書かれていたらしいから、馬場さんや吉村さんは、最初からそのつもりで私に接していたのかもしれない」(猪木)

馬場、吉村、沖の3人がホノルルを離れたのは19日の午後5時40分発の日航機だったが、同じ日の早朝(午前8時40分)に到着した日航機に、豊登が乗っていた。まさにギリギリのタイミングで、猪木からすれ

ば「何やってたんですか！　もう少し早く来てくださいよ！」の心境だったろう。

「豊さんにパゴダ・ホテルに呼び出されて、いろいろと話をされた。『今回、日本プロレスに戻ったって、どうせお前は馬場の下で使われるだけだ』というセリフが強烈だった」（猪木）

馬場&吉村の帰国に同行しなかった猪木はハワイで豊登と合流。豊登の説得に応じて新団体への参画を決めた

猪木は豊登に会って自分の意思を最終確認したあと、ホテル出発前の吉村に電話をかけて「すみませんが、今夜の便には乗れません。事情は日本に帰ってから話します」と連絡した。吉村は、猪木の分の航空チケットを持って「ロビーで呆然となっていた」とされるが、猪木のホテルが予約されていなかったように、この帰国便の切符も「持っていなかった可能性」（確信犯）も否定できない。日本のプロレス史上類を見ないショッキングな事件として有名な「太平洋上の猪木略奪事件」は、こうして多くのミステリーを残しながら幕を閉じた。

当時の全ての新聞、雑誌を丹念に読み返したが、私の意見は「猪木の意思は、テネ

4月23日夜、豊登と共に帰国。羽田のホテルで新団体「東京プロレスリング興行株式会社」設立を発表。猪木は代表取締役社長兼選手として同団体に参加すると表明した

シーで豊登から電話をもらった段階で99%決まっていた。残りの1%は、飛行機嫌いの豊登が、ホノルルに本当に来てくれるか、どうか、だけだった」である。99%は極端な数字としても、これが80を下回ることは絶対になかったと思う。兄と慕った豊登との関係は絶対であり、猪木にとって「豊登がいない日本プロレスに戻る」というチョイスは、どう考えてもあり得なかった。6年前にサンパウロで力道山に身柄を預けたのが、「迷わずいけよ・第1章」だったとすれば、この3月19日は、その「第2章」だったと思う。

未知の外国人招聘のためにアメリカで奔走

猪木と豊登は約1カ月、ホノルルに滞在後、4月23日に揃って帰国。羽田のエアターミナ

6月3日、新宿・東京プロレス事務所における会見風景（役員人事などを発表）。猪木はこの時期、豊登を介して女優・倍賞美津子と出会った

ルホテルで「東京プロレスリング興業株式会社」の設立を発表した。猪木は東京プロレスのエースにして、代表取締役社長にも就任。この段階で「旗揚げは7月下旬の予定」とコメントがあったが、具体的な会場名や事務所については言及されていない。

東京プロレスはテレビ局はおろか、一定のスポンサーがいたわけでもなく、設立発表から旗揚げ（10月12日）までに約6カ月という長い準備期間を要した。力道山死後に旗揚げされた国際プロレス、新日本プロレス、全日本プロレスは（概ね）設立発表から3カ月以内には旗揚げしており（新日本に至っては40日）、東京プロレスの度重なる「旗揚げシリーズの延期発表」というのは異例だった。新間寿営業部長をはじめ、当時のあらゆる関係者が「とにかく金がなかった。金が工面できたと思ったら、豊登がギャンブルで溶かしてしまい、準備金にならなかった」と証言している。

準備金がなかったことも勿論だったが、複数回の延期を余儀なくされたもう一つの理由は「招聘ガイジンが、全く決まっていなかった」ことだった。たとえば、新日本の旗揚げにあたっては猪木とカール・ゴッチという強い絆があり、同様に全日本では馬場に対してブルーノ・サンマルチノ、ファンク一家（ドリー・ファンク・シニア&テリー・ファンク）のサポートが早くから保証されていた。国際は吉原功とヒロ・マツダの二人三脚で、マツダの「顔」で旗揚げからダニー・ホッジ、エディ・グラハムら大物が来日するなど、「ガイジン・ルートの有無」は新団体を旗揚げするための絶対的な必要条件だった。アメリカ人レスラーに親しい友人がいなかった豊登は、招聘ガイジンのブッキング役を全て猪木に委ねた。しかし、いくら全米各地で武者修行をしてきた猪木とはいえ、日本に戻るやいなや、いきなりプロモーター、ブッカー（外国人招聘係）としての「顔」に変身できるわけがない。この局面でも猪木が頼ったのはカンザス地区にいたサニー・マイヤースではあったが、所詮（という言い方は酷だが）マイヤースは「一人のレスラー」に過ぎない立場で、猪木にレスラーを供給できる「実権」を持っていない。では「実権を持っていた」のは誰だったかといえば、それはセントルイスでサム・マソニック（NWA会長）の下でブッカーをやっていたボビー・ブランズ（1914～1983年）だった。1951年9月、大相撲を辞めて浪人状態だった力道山をスカウトし、プロレス入りさせた〝張本人〟のブランズである。アル・カラシックの下で現役&ブッカーとして長期間ホノルルにいた関係（セントルイスにスカウトされる前の時期）から、ヒュー山城氏と昵懇の仲だったが、そのコネクションが猪木に幸運を導いたことになる。

猪木は東京プロレス参加外国人招聘のため渡米。NWA会長サム・マソニックの右腕ブッカーとして活躍するボビー・ブランズを頼った。写真は9月18日、〝NWAの総本山〟セントルイスのサム・マソニックの事務所（NWA本部を兼ねていた）でブランズと直談判する猪木

猪木は8月22日の午後10時45分、パンアメリカン航空機でホノルルへ出発した。ここで有力なガイジンをブッキングできない限り、またまた旗揚げは延期となってしまうから、まさに〝背水の陣〟。山城は7月から既にブランズとの綿密なコンタクトを開始しており、ブランズからのゴーサイン、つまり「セントルイスに来い」という指示を待っていた。ブランズが与えられた宿題は「旗揚げシリーズのエースとして通用する大物」だった。この宿題に応えられる大物が何人もいるはずはなかったが、ブランズはターゲットを「日本に行ったことのない超大物」、ジョニー・バレンタインに絞ってスケジュールを調整していた。

猪木は9月12日、ブランズの「ゴーサイン」に従って、山城と共にホノルルからセントルイスに飛んだ。バレンタインは

PROFESSIONAL WRESTLING MATCH
CONTRACT
ARTICLED OF AGREEMENT

This agreement, made and entered in to in quintuplicate this ____ day of ________ 19___, in ______________, by and between ______________________ the PROMOTER, with postal address at ______________________________ ____________, and ____________________ a duly licensed WRESTLER, with postal address at ____.

WITNESSETH: In consideration of the mutual covenants and agreements hereinafter contained, the parties hereto agree to and with each other as follows:

1. That the wrestler will appear and enter into a wrestling match at several spots in Japan since the _____ day of _______ 19___ for the period of ____ days.

2. That the promoter will pay the wrestler the sum of U. S. Dollars ________ _______________ only (U. S. $_______) for ____ time match in every week, and plus one round trip air ticket, _______________ - Tokyo - __________ and free charge for boading and lodging during the stay in Japan.

3. The match shall be to a decision as determind under the rules and regulations of Tokyo Pro-Wrestling Commission, and this said rules and regulations will be a part of this contract.

4. That the wrestler shall not enter into another match prior to the one herein contracted once this contract is signed and registered with the Tokyo Pro-Wrestling Association except with the written approval of the Promoter and Tokyo Pro-Wrestling Commission.

5. That in case if any of the wrestler of the promoter failed to fulfil this contract, Tokyo Pro-Wrestling Commission will judge the case.

6. That this contract shall be effective upon registration with, and approval by, the Tokyo Pro-Wrestling Association.

7. Passport Name: ____________________________________

Other stipulations:

IN WITNESS WHEREOF, the parties hereto have hereunder affixed their hands and seals the day and year first above written:

APPROVED BY: ____________________ PROMOTER: ____________________

WITNESSES: ____________________ WRESTLER: ____________________

TOKYO PRO-WRESTLING ASSOCIATION:

9月18日に猪木がマソニックの事務所に置いていった（外国人）選手契約書のひな形

ニューヨークWWWF地区との契約を終えて9月16日のセントルイス（キール・オーデトリアム）に登場。猪木はその試合（バレンタイン、ボブ・エリス対ジョニー・パワーズ、ムース・ショーラック）を会場で観戦した。私がその時のことについて猪木にインタビューした際の一問一答を以下に列挙する。

――バレンタインやパワーズを確保したのは、すごいホームランだったように思いますが？

「既に、日本プロレスから各地のプロモーターにお触れが回っていたようで、向こうのレスラーたちは『東京プロレスに行ったら、アメリカで一切、使ってもらえないんだ』と。最終的にはヒュー

（上）ブランズが東京プロレスの目玉選手として猪木に薦めたのは大物ジョニー・バレンタインだった（写真は1964年撮影の宣材写真）。バレンタインは1966年秋までWWWF地区のトップとしてニューヨーク周辺をサーキットしていたが、9月からミズーリ州セントルイスに転戦　（下）バレンタインはエルボードロップと並びコブラツイストを得意としていた（写真は1964年、エドワード・カーペンティア戦）

山城さんと一緒にセントルイスに行って、NWA会長のサム・マソニックと交渉してね。ジョニー・バレンタインの試合を見たんだけど、第一印象は悪かった。アメリカ的というか、なんかカッタルイ動きなので、『コイツで大丈夫かな?』と思って（笑）」

——バレンタインとパワーズを獲得したとき、マイヤースが最もキーパーソンだったのですか?

「いや、あの時はマイヤースは確か、既にシェリフ（保安官）だったんじゃないかな? レスラーとしてはまだ時々リングに上がっていたが、もう、現地の興行的には、そんなに関わりがなかった。それで直接、NWAの本部に行くことになって、いろんな選手を直に見て、その場で契約したんです」

猪木の口から「シェリフ」という単語が出てきたとき、つくづく私は「すごい記憶力だな!」と驚いた。確かにマイヤースはカンザスシティのシェリフの資格を持っており、レスラー稼業は副業的なものに移行していた。ヒュー山城と猪木の連絡を受けたマイヤースが、近隣セントルイスの名ブッカー、ボビー・ブランズに頼ったのは自然な流れだったと言える。

猪木はバレンタイン、パワーズ、ザ・ヘラキュリー（ボビー・グラハム）、ムース・エバンス（10月に入ってドタキャン）、サニー・マイヤースの5人の契約（プラス、ハワイ在住のラッキー・シモノビッチ）に成功し、9月22日午後7時40分着の日航機でようやく帰国した。同じ便で斎藤昌典（=マサ斎藤。東京オリンピックのレスリング代表で1965年に日本プロレス入門、同年デビュー。猪木の5年後輩。日本プロレス離脱後、東京プロレスに合流。1966年4月からホノルルでトレーニング、猪木のスパーリングパートナーを務めていた）が5カ月ぶりに帰国したが、このあたりから始まった猪木と斎藤の強い友情は、21年後の巌流島の決闘まで長く深く続いていくことになる。

旗揚げ戦でバレンタインと歴史的死闘を繰り広げるも、興行中止連発で暗雲

9月30日に新宿・柏木の事務所で記者会見が開かれ、ようやく東京プロレス旗揚げシリーズの全貌が発表された。開幕戦が10月12日（水曜日）の蔵前国技館だったが、参加ガイジン勢の決定が9月22日まで遅れたために、前売り券の手配はギリギリ。おそらく、都内大会場の興行発表が「試合開催日の12日前」だったというのは日本のプロレス史上、最短リードタイムだったと思われるが、東京プロレスの宣伝媒体が新聞しかなかったことを考えると、当日の蔵前国技館に「ほぼ満員の9000人」を集めることができたのは奇跡的だったと思える。

1966年10月12日（蔵前国技館＝観衆9000人）
時間無制限1本勝負
アントニオ猪木（31分56秒　カウントアウト）ジョニー・バレンタイン

主力マスコミの東京スポーツ新聞社に対しては、日本プロレスから「東京プロレスのことは記事にするな。仮に掲載するにしても、扱いは小さくしろ」との強烈なプレッシャーがかけられていた。

（上）10月3日、東京・神田 YMCAで東京プロレス・日本陣営の公開練習が行われた。写真は打撃を打ち合う猪木と斎藤昌典（マサ斎藤）。奥に木村政雄（ラッシャー木村）、寺西勇、仙台強（大剛鉄之介）らの姿が見える　（下右）公開練習で猪木が田中忠治を相手に新必殺技アントニオ・ドライバー（フロント・ネック・チャンスリードロップ）を初披露（10月3日、神田 YMCA）　（下左）高崎山三吉（北沢幹之）をコブラツイストで絞め上げる（10月3日、神田 YMCA、公開練習）

10月3日、神田 YMCAの公開練習で撮影されたポーズ写真。2年間のアメリカ遠征を経て、精悍なファイターに変貌

10月10日、赤坂プリンスホテルで東京プロレスの発会式&レセプションが開催。会場では猪木が旗揚げ戦の対戦相手ジョニー・バレンタインと取っ組み合いをする一幕も

東京プロレスからすると「強烈な営業妨害」である。従って、旗揚げ戦を大きく扱ったのは朝刊では『デイリースポーツ（10月13日）』、夕刊では『スポーツタイムズ』だけだった（東京スポーツのライバル夕刊新聞だったスポーツ毎夕は、8月で廃刊）。デイリーには猪木が大きな信頼を寄せていた石川雅清記者がおり、1面と10面に石川記者が渾身の筆で試合経過、試合後の光景を書いている。それを抜粋してみる。

●

試合はスタートから大荒れ。バレンタインの力攻めに押された猪木は10分過ぎ、強烈な水平打ち6連打で逆襲、一気にラッシュした。赤コーナーに詰め、パンチの連打からヘッドロックに捉えると、テキサスブルドーザーを連続50回。タフなバレンタインが、ガックリとヒザを落とした。しかしバレンタインも一歩も引かず必殺ブレーンバスター（脳天割り）を落とし、猪木を場外に叩きだしてキックで追い打ちをかける。

第一のヤマはバレンタインのタックル攻撃。猪木が二発目を機敏なフットワークでかわしコブラツイストに逆用し、バレンタインが弓なりになった。バレンタインの顔に激痛の色が走った。25分過ぎ、猪木が勝負に出た。バレンタインの額にナックルパンチ、空手チョップを集中し、血染めにして荒れ狂う。バレンタインの巨体をネックブリーカーに決めると、バックブリーカー気味にパイルドライバーを決める。ギブアップ寸前と思われた瞬間にセコンドのヘラキュリーが助太刀。猪木が一瞬のスキを見せると、バレンタインは猪木の頭部を掴んでコーナーに叩きつけ、額を割る返礼。さらにエプロンからキック、パンチを決め、両者が血ダルマとなって文字通りのデスマッチ。

試合は大詰め。猪木の水平空手にもんどり打って場外に飛ばされたバレンタインは、猪木の足を取って場外に引きずり込む。パンチ、空手の激しい応酬。ザブトンが飛び交い、若手レスラーと警官の輪の中で、両者の壮絶な殴り合いが続く。猪木は場外でバレンタインの首をかかえ、またもパイルドライバー。水平空手を叩き込めば、バレンタインの目はウツロになった。レフェリーのカウント18のとき、猪木は転がるようにロープをくぐった。その直後にレフェリーのシモノビッチはバレンタインのリングアウトを宣告し、猪木の右手を挙げた。おさまらないバレンタインはなおも猪木を追い回したが、全てはあとの祭りだった。

試合後の控室で、猪木は「ウーン」と唸ったきり、しばし沈黙した。試合のあとを振り返っているのかもしれない。あるいは東京プロレス興業社長として「ファンに喜んでもらえたか」を考えて

（上）10・12蔵前国技館で東京プロレスが旗揚げ（「ビッグ・マッチ・シリーズ」第1戦）。猪木はメインに登場し、日本初上陸の大物ジョニー・バレンタインと対戦。猪木のセコンドには斎藤、高崎山（北沢）、マンモス鈴木、豊登らがついた　（下）猪木は執拗なテキサスブルドーザー（ヘッドロックを決めたまま相手を揺さぶる技）でバレンタインの動きを止める（10・12蔵前）

（上）猪木は水平チョップを多用。試合はチョップ、パンチ、エルボーの応酬が繰り広げられる壮烈な打撃戦となった（10・12蔵前）　（下）バレンタインはド迫力のパンチ、毒針エルボーで猪木の肉体に大きなダメージを与えた（10・12蔵前）

(4枚) 猪木がバレンタインを相手にコブラツイストを日本初披露。この後、コブラツイストは猪木のトレードマーク技となっていく(10・12蔵前)

（右）リング上でバレンタインの巨体を抱え上げ、叩きつける。形は似ているが、これはアントニオ・ドライバーではなく、ブレーンバスターだった（10・12蔵前）
（左）場外乱闘にもつれ込んだ時、猪木が起死回生のアントニオ・ドライバーを発射！ バレンタインの頭部を莫蓙（ござ）が敷かれたフロアに痛烈に打ちつけた（10・12蔵前）

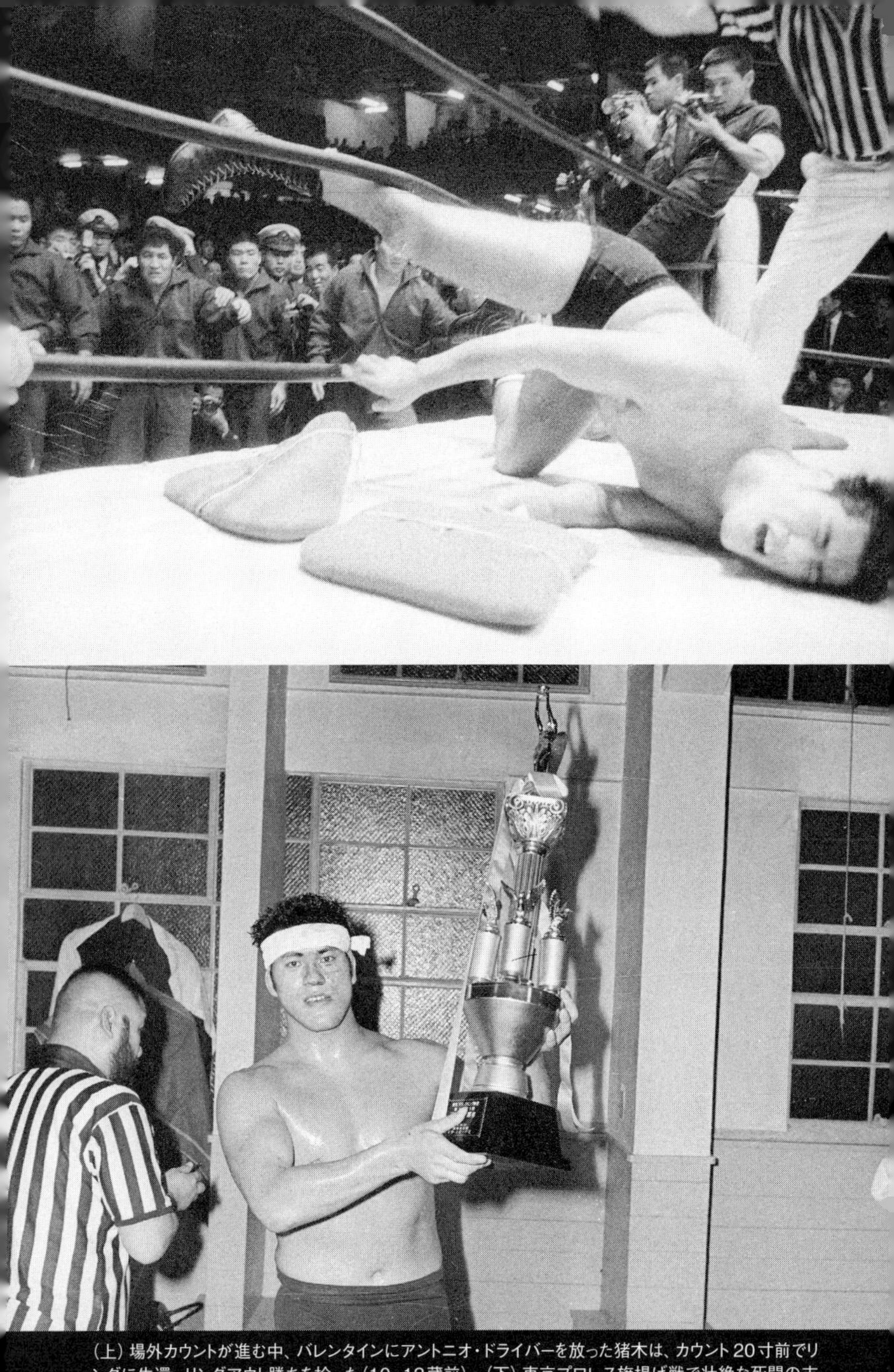

（上）場外カウントが進む中、バレンタインにアントニオ・ドライバーを放った猪木は、カウント20寸前でリングに生還。リングアウト勝ちを拾った（10・12蔵前）　（下）東京プロレス旗揚げ戦で壮絶な死闘の末にバレンタインに勝利した猪木。この試合は猪木の生涯に残る名勝負として語り継がれた（10・12蔵前）

いたのかもしれない。100発以上チョップを叩きつけた右手の指の爪は、5本とも全部浮きあがって、そこから血が滲み出ている。「自信はありました。自信はあったが、とにかく8か月も試合をしていないことが不安で仕方がなかったです。もちろん、トレーニングは十分にしていた。ただ、いくらトレーニングを積んでも、それと試合の勘は別のものですからね」

この第1戦を開催するまで、猪木にとっては、まさに茨（いばら）の道だった。歯を食いしばって黒い噂にも耐え抜いた。「本当に苦しかったですが、館内の満員のお客さんを見て、勇気が出ました」

猪木の目には光るものがあった。「デスマッチだから、相手を殺しても構わないんだけど、反対に殺されるかもしれない」。試合前は命を投げ出す決心をしていたようだ。かたわらの豊登の頬も緩みっぱなし。「凄い試合だった。お客さんはきっと満足して帰ってくれたはずだ」

それを聞きながら猪木は「馬場のインターナショナル選手権に挑戦します。チャンピオンというのは、実力者が持つのが本当でしょう。やれば絶対に負けない自信はありますよ」と、ズバリと言ってのけた。「僕はチャンピオンじゃないが、誰の挑戦でも受けます。一般の人でも構わない。こっちはプロなんですからね」と血にまみれた胸を突き出して、8か月ぶりに快心の笑顔を見せた。

●

このあと第2戦は15日の青森県営体育館だったが、水害で東北本線が不通になったことによって、選手たちの会場到着がギリギリとなった。なんとか興行自体は開催されたが、翌16日の会津若松鶴ヶ城跡広場の興行は、水害のために中止。巡業を始めた途端に、いきなり先制パンチを食らわされる形になった。第3戦の18日、福島県いわき市内郷ヘルスセンター大会だけは行われたが、3大会

（22日の三沢、23日の気仙沼、24日の盛岡）が直前で中止。記事には「猪木が25日、仙台でのUSタイトル戦に万全を期すため、トレーニングに専念する都合で中止にした」と苦しい言い訳が書いてあるが、実際は「単に前売り券が売れていなかったことによるドタキャン」だった。ガイジン勢は18日のいわき大会が終わった後に仙台に向かい、25日までの1週間、仙台のホテルにずっと宿泊していたというから、退屈なんてものではなかったろう。この状況に嫌気をさしたザ・ヘラキュリー（ボビー・グラハム）は第3戦が終わった翌日に「これ以上いても、ギャラは貰えない」と判断して契約を解除。一人で東京に戻って、羽田空港からアメリカに帰国している（マスコミには急性盲腸炎と発表）。その穴はレフェリーとして参加していたラッキー・シモノビッチが埋めたが、アメリカに戻れば超がつく売れっ子だったバレンタインにしても、ヘラキュリー同様「シリーズは空中分解するのでは?」との不安を感じていただろう。

25日の仙台・宮城県スポーツセンターでは、バレンタインの保持していたUSヘビー級王座に猪木が挑戦し（60分3本勝負）、1対1から60分の時間切れ引き分け。これは猪木にとってレスラー人生で初めての「60分フルタイム」だったが、このあとの「60分フルタイム（7回）＝ドリー・ファンク・ジュニア2回、ビル・ロビンソン、ボブ・バックランド2回、ブルーザー・ブロディ、藤波辰巳」は全てテレビ朝日のアーカイブに残っているため、唯一、このバレンタイン戦が動画として残っていないのは残念だ。

バレンタインのUSヘビー級選手権については、個人的に苦い思い出がある。2010年頃に私は『週刊プロレス』の連載コラムで「あのベルトは日本製。アメリカのシカゴで1956年に作ら

東京プロレス第4戦となる10・25仙台大会ではバレンタインの保持するUSヘビー級王座に初挑戦。1本目をコブラツイストで奪い、2本目はリングアウト負け。1対1のまま60分時間切れ引き分けとなり、王座獲得はならなかった。なお、猪木にとって60分フルタイム戦はこの試合が人生初

れ、ガニアとスナイダーが争った時代、そのあとサンフランシスコ地区のUSヘビーとして使われた時代の、珠玉の名品に酷似させて、日本で作ったものだ」と書いたら、週プロ発売当日に新間寿さんから抗議の電話をいただいたことがある。

「リュー（流）さん（新間さんは私をこう呼ぶ）、あなたは、何を根拠にあんなことを書いたの？あれは、正真正銘、バレンタインがアメリカから持参したベルトですよ。日本製だなんて、とんでもない」

私は電話口で新聞さんに平謝りし、翌週の自分の連載コラムで早速訂正を書いたが、あれは今思い出しても「冷や汗もの」だった。たしかに先入観だけで「日本製」と書いた記憶があるが、実際にバレンタインがアメリカから持参したなどと、全く想像がつかなかった。とにかく、プロレス原稿を書く上で「思い込み」は絶対に禁物だ（深く反省）。

大阪球場、板橋暴動…豊登の独断専行で「一寸先はハプニング」状態に

11月に入ってもシリーズの「スカスカ日程」は続いたが、猪木とバレンタインの迫力ある攻防がますますエスカレートしていったために、リング上の熱気は後半戦に入っても衰えることがなかった。11月7日、大阪・天王寺音楽堂特設リングでは、開幕戦に続いて時間無制限1本勝負のデスマッチ・ルールで対戦し、なんと48分40秒に両者カウントアウトで引き分け。観客の熱気は最高潮だったそうだが、その熱気に押された豊登が「その場の思いつき」で「再戦はUSヘビー級王座をかけ

10・28東京・板橋志村高校横広場でジョニー・パワーズとシングル対決し、2対1で勝利。のちの初代 NWF世界ヘビー級王者パワーズも猪木史を語る上で欠かせないライバルだ。その関係の始まりはこの東京プロレス時代にさかのぼる

11・7大阪・天王寺音楽堂（第11戦）でバレンタインと3度目の一騎打ち。48分40秒、両者リングアウトの痛み分け

て、大阪球場でやる。大阪球場を押さえろ！」と決めたから堪らない。営業部隊はなんとか11月19日の大阪球場を押さえたが、前売り券を刷って販売する期間はない。「当日券のみ」のUSヘビー級選手権試合は、寒空の下でどうにか開催された（発表は8000人だったが、新間氏によると実数は3000人くらいだったとのこと）。仙台で王座奪取に失敗しているだけに、猪木にとっては正念場だった。1本目は速攻ドロップキック2連発を放った猪木がわずか15秒で先制。2本目は猪木の左腕を極めたバレンタインが、馬乗りのアームロックでギブアップを奪い17分55秒にタイスコアとしたが、決勝の3本目は猪木が空手チョップを連発し、グロッギー状態にしたバレンタインを見事にコブラツイストにキャッチ。7分55秒にギブアップを奪って快勝し、USヘビー級王座奪取を成し遂げた。デ

急きょ開催が決まった大阪球場に進出（11月19日、第18戦）。観客動員は団体発表では8000人だったが、実際は3000人程度だったようだ

ビューから6年1カ月、猪木にとっては国内における初のタイトル獲得の記念すべき一戦となった。

ちなみに翌日の夕方に発行された『東京スポーツ』は相変わらず「アンチ東京プロレス」の姿勢を崩しておらず、「猪木王座奪取」との小さい見出しと試合概要の横に「USタイトルとは？」という解説のコラムを作っている。「US王座と称するタイトルは全米に10個以上存在する。今回、バレンタインが持ってきたのはその一つ。1年前、テネシー州メンフィスで猪木が挑戦したウィルバー・スナイダーの保持するUSタイトルは、数あるUS王座の中でも権威が高い」と、皮肉っぽい感じの書き方に終始していた。

翌日（20日）朝の新幹線で東京に戻った一行は、午後2時から東京・葛飾区役所横広場で「デーゲーム興行」に臨む。この日のメイ

(上2枚)11・19大阪球場で猪木はバレンタインと4度目の一騎打ち。再びUSヘビー級王座に挑戦した。
野外の[illegible]バレンタインのド迫力の攻めに耐えながら勝機をうかがう

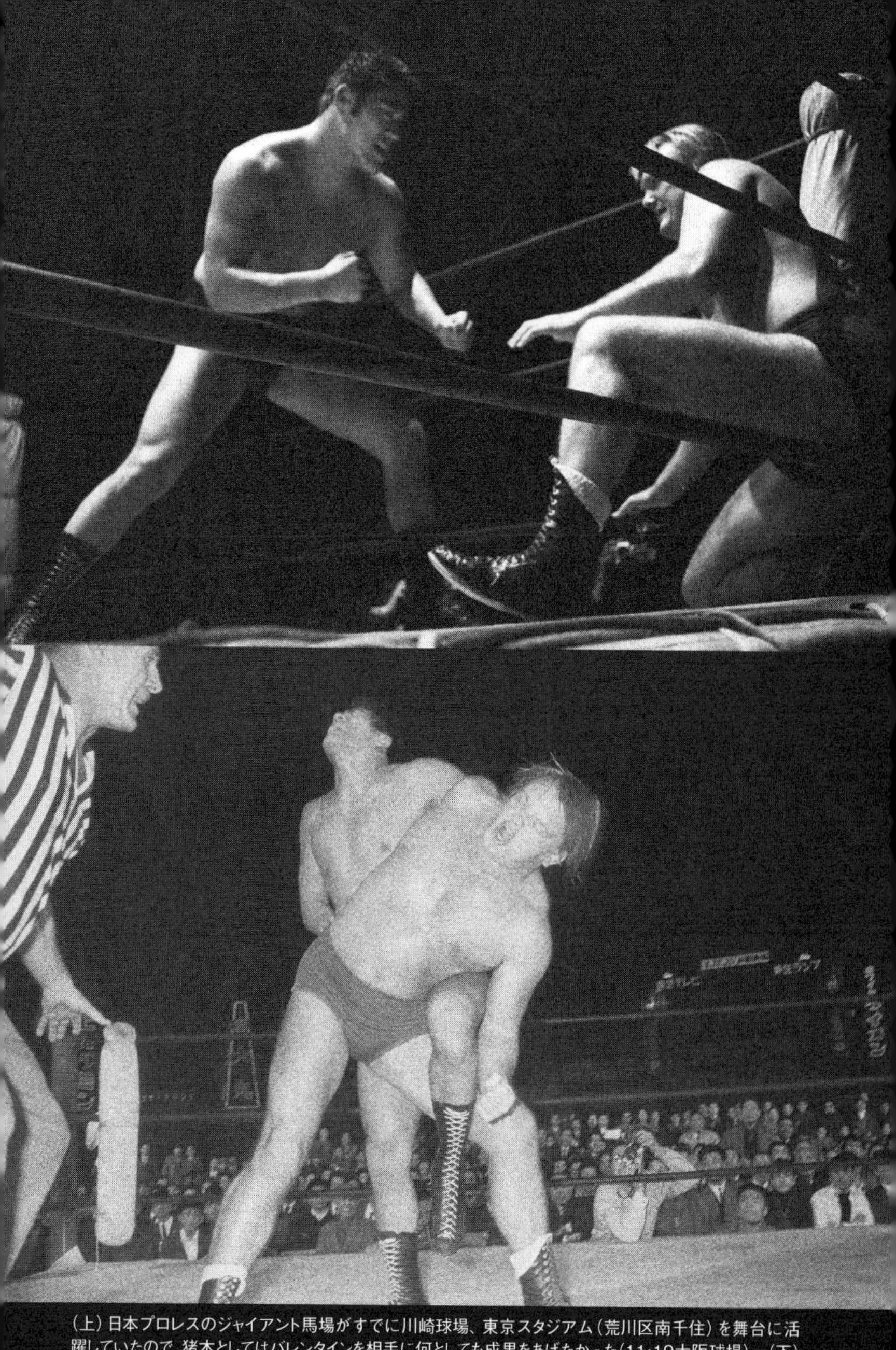

（上）日本プロレスのジャイアント馬場がすでに川崎球場、東京スタジアム（荒川区南千住）を舞台に活躍していたので、猪木としてはバレンタインを相手に何としても成果をあげたかった（11・19大阪球場）　（下）1対1からの3本目、猪木はコブラツイストでバレンタインに完勝。USヘビー級王座奪取に成功した（11・19大阪球場）

猪木にとってUSヘビー級王座は、
レスラー人生初のシングルタイトル、
国内初のタイトル獲得となった

ンは猪木、豊登、木村政雄（のちのラッシャー木村）対パワーズ、マイヤース、シモノビッチの6人タッグ。木村（25歳）にとってはシリーズ2度目のメイン（初回は11月6日の西宮、猪木、豊登と組んでバレンタイン、シモノビッチ、マイヤースと対戦）だったが、いくら6人タッグマッチとはいえ、本格的にレギュラー出場したシリーズで「メインに2度も抜擢」されたのだから凄い。おそらく豊登の「推し」だったとは思うが、猪木にとっても「相撲あがりだが、プロレスラーとしての素質的にも優れた奴だな」と感じていたと思う。両者が新日本プロレスのリングでシングルマッチを行ったのはこの15年後（1981年10月8日、蔵前国技館）だったわけだが、この間の推移を俯瞰すると「大河ドラマ」をはるかに超えるスケールとリアリティを感じる。

翌21日夜は板橋駅前広場特設リングでの興行だったが、ここで俗に言う「板橋事件」が起きてしまった。11月21日付け毎日新聞の朝刊記事を抜粋してみる。

●

21日夜、東京都板橋区板橋4の6の16。元都電板橋駅広場板谷駐車場で行われる予定のプロレス興行（主催はオリエント・プロモーション興業＝中村孝一社長、埼玉県朝霞市溝沼1879）で、試合開始の6時半になっても選手が現れず、7時半過ぎに主催者が〝連絡の手違いで試合は中止になった〟とリングから説明した。しかし1300人の観客の多くがリングに上がってロープを引きちぎり、椅子を壊したりして騒いだ。板橋署と警視庁第4機動隊から200人が出動して警戒に当たったが、午後10時に残っていた約500人に払い戻しを始めたため、ようやく騒ぎは収まった。同夜のプロレスは、東京プロレスリング興業（豊登社長、新宿区柏木1の12）がオリエント・プロに興行権を売ったもので、豊登、猪木、外人選手らが出場予定だった。東京プロレス側は〝試合前に受け取る約束のファイトマネーを、先方が払わないので、選手を引き上げた〟と言っており、同警察署は両者から事情を聴いている。

●

この事件については、過去何回もプロレス歴史本に掲載されているので改めて書くこともないが、要するに「前金で渡してあるでしょ? (オリエント)」、「いや、貰っていない(豊登)」の押し問答事件である。豊登はある程度の前金を受け取っていたようだが、「あれは個人として借りた金。いずれ返す」と弁明し、「興行としてもらう金は、まだ貰っていない」との主張を繰り返したため、最終的に興行当日になって「じゃあ、レスラーを出さない」という強硬策に出たようだ。豊登に事前に手渡した金は、言うまでもなくギャンブルに溶かされており、事務所に入るわけがない。これをオリエント・プロの過失か、豊登の杜撰(ずさん)と取るかは意見の分かれるところだろうが、この大事件が勃発したことで、猪木と豊登の関係には決定的に亀裂が走った。

翌11月22日には東京・大田区体育館でシリーズ最終戦(第20戦)が開催された。9月30日の記者会見で発表された32大会のうち、なんと12大会が中止(その後、追加で1興行加わったから正確には13興行が中止)。バレンタイン、パワーズら一行は10月9日に来日していたから、日本に滞在していた期間は45日にも及んだわけだ。20興行しかなかったという「スカスカ日程」には、返すがえすも「もったいない」の感を禁じ得ない。

この日はメインで猪木のUSヘビー級選手権(初防衛戦=対バレンタイン)が組まれ、まずまず

（上）11月21日、東京・板橋駅前広場特設リング大会が突然中止になる異常事態が発生。試合開始を待ち続けた観客が激怒して、リングや客席を破壊する暴動事件に発展した　（下）板橋暴動には警官隊も出動。観客に払い戻しが行われたため騒動は収まったが、この事件は東京プロレスの歴史に汚点を残した（11月21日）

の観客動員（発表は4500人）に成功した。1本目はバレンタインがエルボードロップの2連発で先制し（19分55秒）、2本目は猪木がコブラツイストを決めてタイスコア（8分55秒）。決勝の3本目は猪木がアントニオ・ドライバーの2連発でフォールを奪い（9分20秒）、堂々の勝利を飾っている。結局、猪木とバレンタインはシリーズ中に5度のシングルマッチを行って猪木の4勝1引き分け。数字だけを見ると猪木が圧倒していたような印象を受けるが、まだこの1966年秋の段階ではキャリアの差は歴然としており、総合的には「僅差でバレンタインが上回っていた」というのが公平な評価だと思う。

兄と慕う豊登との間の亀裂が表面化

当時の関係者の話を総合すると、東京プロレスは旗揚げシリーズが終わった時点で、既に3000万円から4000万円の累積赤字になっていたようだ。現在の貨幣価値にすると1億5000万から2億という感じの金額で、とても半年や1年で返済できる額ではない。既に猪木の心中は「このまま豊さんと一緒にやっていったら自滅する」という思いは固まっていたが、興行的なノウハウを持つ新間氏が豊登

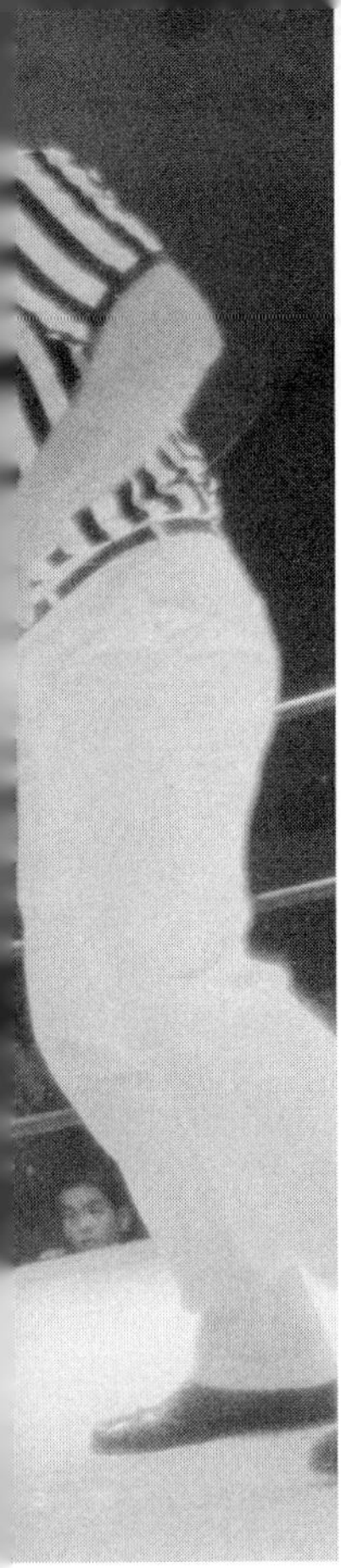

東京プロレス旗揚げシリーズの最終戦（第20戦。11・22東京・大田区体育館）で猪木はバレンタインと5度目の一騎打ち。1対1からの3本目、アントニオ・ドライバーで勝利してUSヘビー級王座防衛に成功した

サイドに「抱え込まれて」いたので、自分一人ではどうすることもできない状態だった。
　そんな中、9月30日に会社登記（インターナショナル・レスリング・エンタープライズ＝ＩＷＥ、国際プロレス）を済ませたばかりの吉原功から「1月に合同興行を」の提案を持ち掛けられた猪木は「光を見出した」とばかりに、その案に合意した。当時、吉原の腹心として猪木と再三のコンタクトを持った鈴木勝義（当時のリングネームはミスター鈴木、のちのマティ

鈴木＝86歳の現在はオレゴン州ポートランドで実業家として健在）は、当時の状況を以下のように解説してくれた。

「最初に猪木さんに会いに行ったのは11月（2日）です。東京プロレスが松本（市体育館）で興行があったから、その宿舎（香蘭荘）に（ヒロ・）マツダさんと私で会いに行った。あの時点では、豊さんと猪木さんの関係が特に悪い、という印象はなくて、1月の新春シリーズを合同でやることに支障はないように感じました。もちろん、豊さんも出る前提での基本合意でした。それがガラリと変わっていたのが2回目（11月29日の東京プロレス事務所における記者会見。吉原と猪木が1月の合同興行を発表）です。記者会見前に猪木さんと話したときに、ポロッと『まだ、豊さんも出るかどうかは、わからない』と言ったので、私と吉原さんは慌てて追及したんです。東京プロレスが、かなり金策に困っていることは知っていましたが、それと合同興行は別の話ですからね。マスコミに対する表向きの発表は合同興行でしたが、実際は国際プロレスが興行の全てを仕切って、猪木さん以下の東京プロレスに契約金（１７００万円だったと言われる）を払うというのが実態でしたが、その金額は当然、豊さんのファイトマネーの分が含まれていました。そのあと吉原さんが『とにかく、正月までに余りにも時間が少ない。互いに連絡事項が山ほどあるので、次の12月の東京プロレスのシリーズに鈴木を参加させるから、彼を通じて、色々と準備を進めていこう』という提案を出した。私としては、日本プロレスにいたときから仲が良かったサンちゃん（北沢幹之）にも久しぶりに会えるし、レスラーとして参加することは何も問題がなかった。こういう経緯で、私は東京プロレスの次のシリーズに、開幕戦から最終戦まで出場したわけです」

11月29日、猪木は新団体「国際プロレス」の吉原功社長と共に記者会見を開き、翌年1月の国際旗揚げシリーズに東京プロレスが全面協力することを表明した

東京プロレスの第2弾シリーズは「チャンピオン・シリーズ」と銘打たれ、スタン・スタージャック、ミステリー・メディコ（正体はルー・ニューマン）、スチーブ・スタンレーの3選手が招聘された。バレンタインに比べると格の差は否めなかったが、初来日のスタージャックは猪木のオレゴン時代に対戦経験があり（猪木の4戦全敗＝日本では報道されていなかったが）、猪木にとってのリベンジ戦という観点から「エースとして呼ばれる資格」を有していたと思う。

開幕戦の仙台・宮城県スポーツセンター（12月14日）では、スタージャック（当時29歳）を挑戦者に迎えて猪木が2度目のUSヘビー級王座防衛戦。1本目（26分30秒）、2本目（11分26秒）ともに両者リングアウトとなる異例の大荒れ試合となり、マスコミ各紙は「スタージャックは侮れない」と書いた。強烈な決め技はないが192センチの長身から繰り出すキックとパンチは迫力があり、1973年12月にペドロ・モラレスを破りWWWFヘビー級王者になったときよりも肉体的に充実していた。

猪木は翌15日、広島県立体育館でスチーブ・スタンレーを2－0で破りUS王座3度目の防衛に成功。16日は名古屋・金山体育館でスタージャックとノンタイトル時間無制限1本勝負で対戦し、またしても両者カウントアウトで引き分けた（28分45秒）。18日は大阪府立体育館でミステリー・メディコの挑戦をストレートで退けUS王座4度目の防衛に成功。この大阪大会を報じた東京スポーツ（12月20日付）には試合後の猪木コメントとして「こんな相手は挑戦者としての資格がない。タイトルの権威を落とすだけで、お客さんも納得しなかっただろう。今日の鬱憤は、あしたの東京体育館で全部、スタージャックを相手に晴らします」という「本音」が語られている。メディコの

12月14日からスタートした東京プロレス第2弾シリーズ（「チャンピオン・シリーズ」）は12・19東京体育館で最終戦（第5戦）を迎えた。USヘビー級王者・猪木は2対0でスタン・スタージャックの挑戦を退け5度目の王座防衛に成功

11月の板橋事件以降、猪木と豊登の間で亀裂が深まり、第2弾シリーズの頃には険悪な関係に陥っていた。兄のように慕う師匠とはいえ、豊登の金銭面のルーズさに猪木も愛想を尽かした。写真は12・19東京体育館、控室の冷ややかな様子

正体は当時53歳だったセミ・リタイヤ状態のニューマンだったので、そもそも挑戦者の実力は持ち合わせていない。猪木がマッチメークの権限を持っていなかったことも明らかだが、このあたりにも豊登との亀裂が明らかになっていた。

最終戦（12月19日）の東京体育館はスタージャックの再挑戦を受けるUSヘビー級選手権。観客については新聞発表が2500人だが、実際には1000人くらいだったという。翌日の東京スポーツ（櫻井康雄記者）は「広い館内に、わずか2500人程度の観客。館内に暖房がないため、客は必死に寒さに耐えての観戦だ」と書いている。テレビ中継がないために仕方がなかったとはいえ、12月3日、日本武道館で馬場対フリッツ・フォン・エリックのインターナショナル選手権が1万4500人（札止め）の大観衆を集めていたので、

この落差は余りにも非情な現実と言えた。猪木が試合後の控室で記者団のインタビューを受けているときに、豊登が一人の記者の質問に答えて「ワシは1月の国際との興行には出ないよ」という発言をしてしまい、これに猪木が驚いて振り向く、というシーンまで見せてしまう大失態。

国際プロレスから「出張参加」していたミスター鈴木は、「あれは信じられない発言でした。巡業中に、薄々は感じていたんですが、あそこまで豊さんが露骨に（出場を）拒否したのは初めてでした。私はすぐに吉原さんに連絡しましたが、既に1月5日に始まるシリーズのポスターは各地に貼られていて、豊さんの顔写真も大きく載っていましたから、これは大問題でした」と生々しく述懐している。

テネシー州サーキットから始まった猪木の1966年は、こうして大波乱の幕を閉じた。38年の長いキャリアの中でも突出した激動イヤー（おそらく激動度ではナンバーワン。僅差で2位が1971年か？）だったが、3月にスンナリと日本プロレスに凱旋していたら、年末12月3日の日本武道館では、せいぜい馬場対エリック（メイン）の露払い、セミファイナルあたりで終わっていたと思う。最終戦の控室で、豊登と「ガチンコの喧嘩別れ」をしてしまうあたりが、いかにもアントニオ猪木らしいところだ。なお、櫻井康雄氏の記憶によると、「猪木は秋にダイアナさんと文子ちゃんを日本に呼び寄せて、年末年始は家族で青山一丁目の3LDKのマンションにいた。1月に入ってから二人をモンタナ（ダイアナの実家）に帰したが、そのあと会ったのは、猪木が日本プロレスに復帰会見をしたあと、トレーニングと称して（4月9日に）カナダ航空機でバンクーバーに行ったときだった」という。

1967年（昭和42年）

事件続きの東京プロレスに見切りをつけ、日本プロレスに舞い戻る

猪木と豊登が金銭問題で泥仕合を展開

国際プロレスの旗揚げシリーズである「パイオニア・シリーズ」（全20戦）は、結局「豊登不在の東京プロレス」との合同興行で、1月5日&6日、大阪府立体育館（2連戦）でスタートした。日本陣営はアントニオ猪木、ヒロ・マツダ、斎藤昌典（マサ斎藤）、ミスター鈴木（マティ鈴木）、木村政雄（ラッシャー木村）、高崎山三吉（北沢幹之）、マンモス鈴木、竹下民夫、永源遙、寺西勇、仙台強（大剛鉄之介）、大磯武、柴田勝久、金田照男の14人（豊登の子分だった田中忠治は欠場）。ガイジン勢はジョニー・バレンタイン（1月11日からの途中参加）、NWA世界ジュニアヘビー級王者だったダニー・ホッジ、エディ・グラハム（1月21日の第12戦まで参加）、ジェイク・スミス（グリズリー・スミス）、ルーク・ブラウンの5人で、毎大会7試合が組まれていた。旗揚げシリーズ

1月2日、国際プロレスの設立メンバーにして団体エースのヒロ・マツダの帰国を羽田空港で出迎える猪木。猪木の右はやはり国際設立メンバーのミスター鈴木（マティ鈴木）

としては平均的な人数であり、ガイジンの質から比較しても、同じ時期の日本プロレスよりメンバーは充実していた（日プロは日本陣営が馬場、大木、吉村、ヒライ、芳の里ら。ガイジンはキラー・オースチン、ミスター・アトミック、ルイス・ヘルナンデス、アベ・ヤコブ）。だがテレビ中継がないことは致命的で、開幕の大阪こそほぼ満員（発表は7300人）だったものの、それ以降はどこも不入りで、猪木&マツダの〝原爆コンビ〟（当時の東京スポーツが命名）が高い評価を受けるまでには至っていない。

7日の第3戦（山口・岩国市立体育館）を終えた猪木は、翌朝一番の新幹線で東京に戻り、8日（オフ日）の午後3時、銀座「すえひろ」で記者会見を行った。『スポーツタイムズ』の記事から会見の内容を抜粋してみる。この段階で記者会見を行っておくことによっ

1月3日、国際プロレス旗揚げシリーズに参加する外国人勢も来日。左からダニー・ホッジ、ルーク・ブラウン、ジェイク・スミス。残りの2人…エディ・グラハムは4日、ジョニー・バレンタインは10日に到着

て、豊登がシリーズ不参加になったことに関し、国際側（吉原、マツダ）に対して「豊さんが勝手にドタキャンしただけだ。私は悪くない」と弁解する意図があった。

●

猪木が豊登と〝絶縁宣言〟するまでになったのは、5000万円におよぶ使途不明金を豊登と新聞親子が業務上横領したためと断定し、淀橋署に7日告訴したためだ。豊登は昨年春、日本プロレス興行（芳の里社長）から〝社長の器ではなく、金銭的にルーズ〟との理由で解雇された。競馬、競輪、バクチにのめり込み、約2000万円にのぼる使途不明金を衝かれての解任だった。病気を理由に一時身を隠していた豊登は、第8回ワールドリーグに参加しようと帰国準備していた猪木選手をハワイで待ち伏せし、東京プロレスを設立しようと持ちかけた。ジャイアント馬場

の風下に立つことを好まなかった猪木は日本プロレスを辞めてこれに同意し、二人は10月12日に蔵前国技館で旗揚げ興行に漕ぎつけた。

第1戦だけは客を集めたものの、その後の運営は巧くいかず、加えて準備期間中の借金も重なって東京プロレスの収益は期待通りに上がらなかった。予定の興行も何度か中止（スケジュール発表だけで、実際には興行予定のない場所もあった）してその都度切り抜け、なんとか試合を消化したが、11月21日の東京・板橋大会がプロモーター（オリエント・プロ）とのギャラ未払い問題から中止。大混乱を起こして初めて東京プロ内部の混乱が表面化した。このときプロモーター側は「豊登本人にギャラを支払った」と頑張ったが水かけ論。結局、ウヤムヤのうちにファンだけが寒風の中に置き去りにされる結果となった。

猪木はこのときの分を含め「ビッグマッチ・シリーズとチャンピオン・シリーズの売り上げ3600万円、未収金1000万円の使途が全く不明。ズサンな経理内容のため、私を含めた所属レスラーが、一銭ももらっていない」と告訴に踏み切ったもの。

豊登は経理的な才覚が全くなく、さらに生来のトバク好きが重なって今回の悲劇を招いたものだが、猪木としても前社長（東京プロレス興業は昨年末、3000万円の不渡り手形を出して倒産）としての責任があり、それについても「道義的に経済的にも、できるだけの責任は果たしたい」としている。

東京プロレスは昨年末「東京プロレス株式会社」の名称で新たに活動を開始し、1月5日から吉原功の国際プロレス「パイオニア・シリーズ」に猪木以下のレスラーが参加しているが、7日の岩

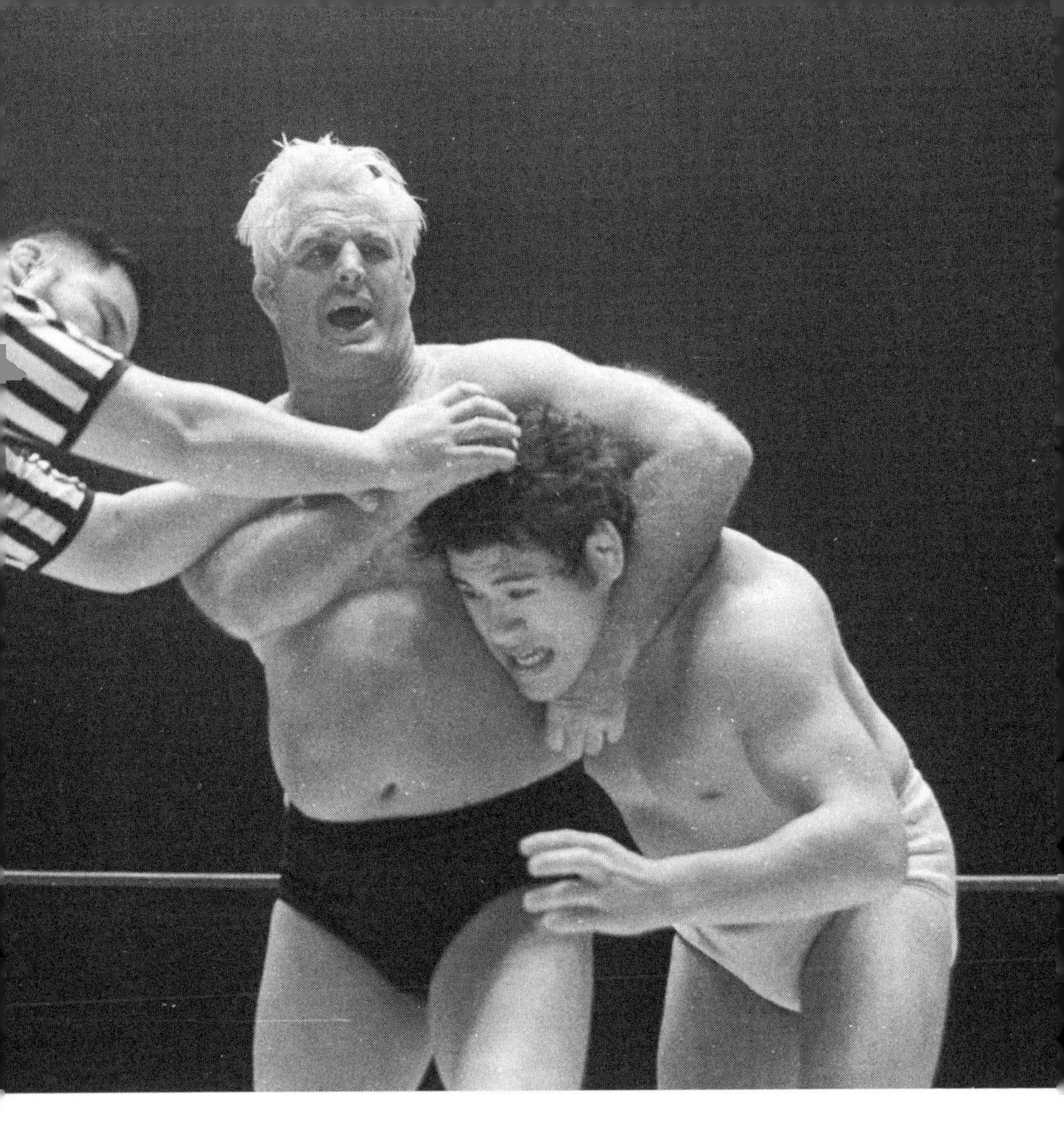

国大会では〝豊登欠場〟の事実を隠し、ファンの激怒を買って暴動寸前までエスカレートする場面が起きた。豊登の写真をポスター、切符まで印刷したまま〝知らん顔の半兵衛〟を決めこんだことも問題と言えるだろう。1月4日に豊登から「不参加」の申し入れがあり、これを猪木が知っていながらシリーズを開幕したというのはファンをないがしろにした言語同断の処置というべきだろう。東京プロレスは今後猪木を金看板とした自主興行、あるいは国際プロレスとの合同興行を継続していくだろうが、日本中の

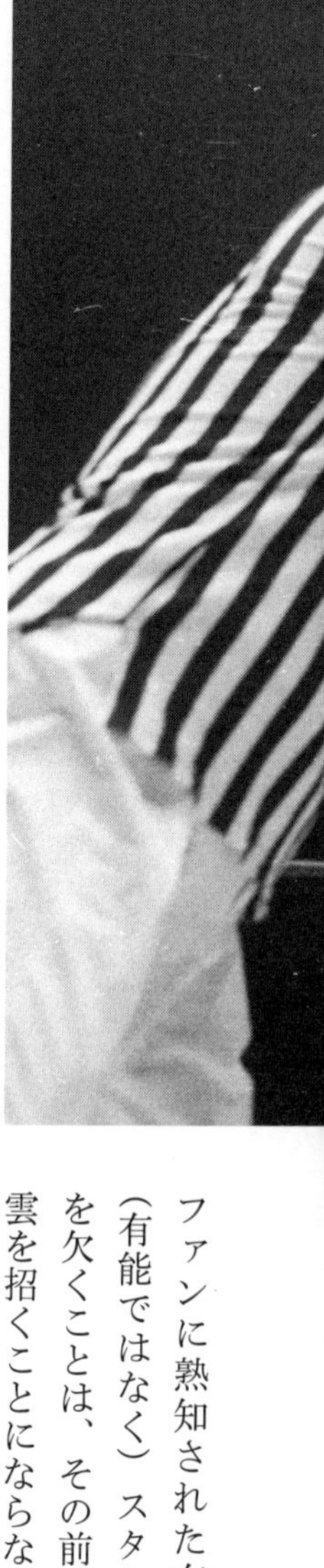
1・5大阪府立体育館で国際プロレス旗揚げ戦（東京プロレスとの合同興行「パイオニア・シリーズ」第1戦）が開催。猪木はセミファイルでエディ・グラハムに2対0で勝利

ファンに熟知された有用な（有能ではなく）スター豊登を欠くことは、その前途に暗雲を招くことにならないだろうか。

猪木完至の話＝ファイトマネーすら傘下のレスラーに支払えない。未収金も１０００万円近くあるはずだし、豊登氏と新間親子の間で経理操作したとしか思えない。豊登氏とは長い付き合いだったが、こんなことでは今後協力を願うわけにはいかない。場合によっては、私と傘下レスラーだけで今後の会社を経営していくつもりだ。

荒井弁護士の話＝総売り揚げ金は３７００万円を計上しておきながら、実際興行に使った金は１７００万円か１８００万円。この差額は当然純益になっていなければならない。ところが純益金はおろか、新間氏は会社設立前から借金が存在するとして、総額５０００万円から６０００万円の借金があるとしている。私が調べたところによれば、設立前の借金など全く関係なく、経理は不明瞭、乱脈の一語に尽きる。

●

猪木が「パイオニア・シリーズ」の巡業（熊本）に復帰した１月９日、豊登と新間寿は新宿区柏木の（旧）東京プロレス事務所で午後２時から記者会見を行い、前日に猪木から開示された経理上の不正を否定した。翌10日には〝債権者代表〟と称するナイトクラブ経営者の土井剛氏を伴った豊登が再び会見し、さらに13日には「オリエント・プロ」の中村孝一営業部長が「板橋事件の責任は猪木氏にある」とした徹底糾弾の記者会見を行っている。まさに「泥仕合ここに極まれり」という感じのリベンジ会見3連発だが、これまでマスコミで出たことのない具体的な数字、あるいは意外な事実が幾つか披露された。

まず9日の会見では、猪木関係の経費が「東京プロレスの会社経費」で落とされていたことが指摘されている。豊登が語った部分はリアルだった。「アメリカからダイアナ夫人を呼び寄せる費用100万円、彼女との国際通話料50万円、マンション入居費用75万円、新車オペル購入費用頭金32万円、月賦販売店からの購入費100万円など、会社が立て替え払いしている。それなのに猪木は『会社から一銭ももらっていない』などと言っているのだから話にならない」

国際プロレスから猪木が受け取っていた金額も、豊登から開示されている。

「国際プロレスとの契約は1700万円だが、これは法外に高い。国際がどんなに頑張っても、20興行で3000万円の興行収益を上げるのは難しい。その中から猪木は1700万円をムシリ取っている。猪木は、レスラーのいない国際の足元を見透かし、パイオニア・シリーズで多額の借財を負わせて、二度と興行を出来ないようにしている。今後、国内で興行を打っていく上で敵になるであろう国際の崩壊を狙っているに等しい」

かなり無理のあるロジックだが、豊登は「ワシが参加していないのに1700万円は高い。ワシが入っていれば別だが」的な、いわばレスラーとしてのプライド、商品価値をアピールしたかったのだろう。

バレンタインの来日遅れでファンの反感を買う

年末の「チャンピオン・シリーズ（全5戦）」については1月9日の会見で新間氏より「興行だけでの利益でみると161万円あったが、その他支出は約1000万円（つまり839万円の赤字）」と発表されているが、ガイジン経費などを勘案すると、これが実態だったと思われる。新間寿氏は当時マスコミから「新間金策さん」と呼ばれていたそうだが、会社の収支以外にも豊登の（個人的な）ギャンブル資金まで作らねばならなかったのだから、まさに地獄のような毎日だったろう。新間氏は「2シリーズが終わったあと、5000～6000万円くらいの累積赤字」と述懐しているが、猪木、豊登の帰国から旗揚げまで、半年間に使った金も入れると、その数字は更に膨らむかもしれない。〝乱脈経理〟という言葉があるが、そもそも豊登が実権を握る会社に、最初から〝経理〟とか〝帳簿〟を求めることは無理だった。

猪木は8日夜、新幹線と在来線を乗り継いで9日（熊本）からシリーズに再合流。10日には福岡・九電記念体育館でエディ・グラハムの挑戦を受けUSヘビー級王座防衛に成功（6度目）したが、観客数は発表で2800人。またしてもガラガラの館内でタイトルマッチを行っている（2対1で勝利。1本目は足4の字固めでギブアップしたが、2本目はコブラツイストでタイ。3本目はタックルで同時ダウンしたが、上になった猪木がラッキーなフォール勝ち）。翌日夕方発行の『スポー

1・10福岡九電記念体育館（第5戦）のメインで猪木はUSヘビー級王座の防衛戦を敢行。来日の遅れたバレンタインの代打グラハムに2対1で勝利し王座防衛に成功したが、バレンタイン目当ての観客はこのカード変更に不満をもらした

ツタイムズ』（1月12日付）には、このようなコラムがある。

●

この日、猪木のUSヘビー級王座に挑戦予定だったジョニー・バレンタインの来日が遅れたため、急遽グラハムが挑戦者となった。これには観客の大半が不満で、〃グラハムという名前は知っているけど、とにかくバレンタインが見たかった〃というファンが多かった。市内に貼ってあるポスター、新聞広告にはバレンタインとのタイトルマッチの広告が掲載されており、ファンは博多の外れにある九電記念体育館に、それが見たくて足を運んだはずだ。試合前、場内アナウンスで〃バレンタイン選手の来日が遅れましたので、かねてから猪木選手に挑戦状を出していたグラハム選手が挑戦します〃と説得力のない説明がなされたが、そのときに〃なあんだ！〃という失望の声が大きかったことを、団体はしっかりと反省すべきだろう。豊登の欠場に加え、バレンタインも来日遅延とあっては、目玉商品が余りにも欠けている。

●

観客動員は芳しくなかったとはいえ、翌日からも予定された興行は全て開催されているので、東京プロレスの「開催3日前に中止」のごとき不手際はなかった。最終戦（1月31日、仙台・宮城県スポーツセンター）までのシリーズ全興行に出場したミスター鈴木は、この合同シリーズを以下のように振り返ってくれた。

「とにかく、豊さんが出ていなかったことが何よりも大きかったです。岩国（1月7日）では、当日券の売り場で暴動みたいな騒ぎが起きましたが、猪木さんとマツダさんを除く選手全員が鎮圧に当たったりして、大変な目に遭いました。営業部員がいなかったから、私が代表で岩国署に行って始末書を書いた。私の試合はセミファイナルの前でしたが、警察から戻ってすぐにタイツに着替えてリングに上がったのを覚えています。ただ、試合に関しては文句なかったと思いますよ。猪木さんとマツダさんのタッグチームは素晴らしかったし、ガイジンも一流どころで、観客のウケは最高でしたね。私はほとんど毎晩、ジェーク・スミスかルーク・ブラウンとやって負けばかりでしたが、台東体育館（18日）には結婚したばかりの女房（ひろ子さん）が初めてプロレスを見に来ました。彼女が当時勤務していた証券会社で50枚くらい切符を売ってくれて、その同僚たちと一緒に来たわけですが、私がスミスにやられたとき（9分21秒、カナディアン・バックブリーカー）死んだと思ったそうです（笑）。猪木さんとマツダさんは、結構仲良くやっていましたね。少なくとも控室で口

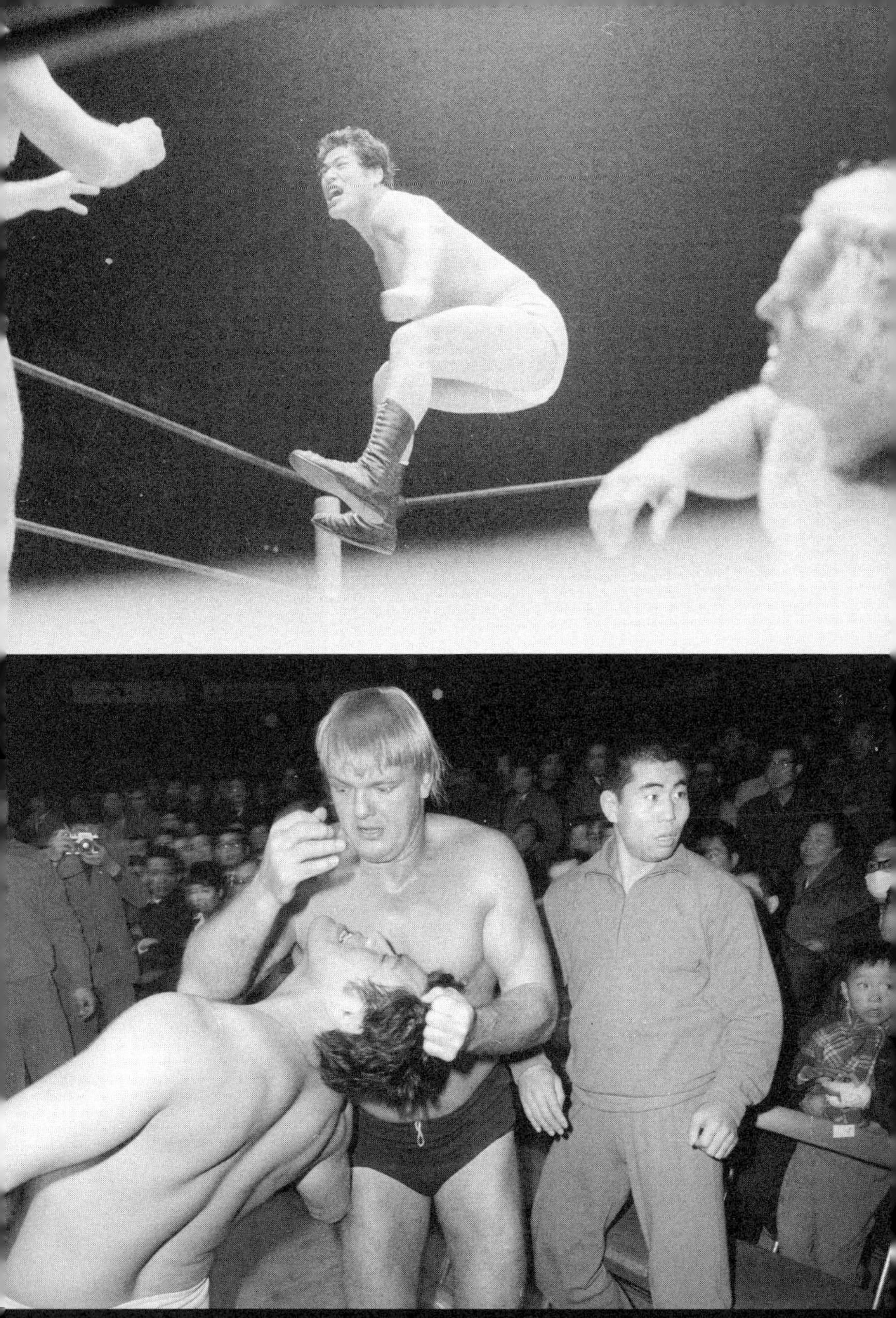

(上) 国際の旗揚げシリーズでは猪木&マツダのNWA世界タッグ王者コンビが復活。精力的に防衛戦をこなした。写真は1・18東京・台東体育館の対バレンタイン&グラハム戦。猪木も外国人組を相手に躍動　(下) 1月14日(名古屋大会) から合流したバレンタインは東京プロレスの旗揚げシリーズに続いて猪木と熾烈な戦いを展開(写真は1・18台東体育館、NWA世界タッグ戦)。バレンタインの左は仙台強(大剛鉄之介)

バレンタインを渾身のコブラツイストで攻め立てる猪木（1・18台東体育館、NWA世界タッグ戦）

1・18台東体育館のNWA世界タッグ戦は猪木&マツダがバレンタイン&グラハムを2対1で破り王座防衛に成功

論するような場面は一度もなかった。逆に吉原さんと猪木さんは、控室の隅で真剣に話し込んでいましたね。金銭については全て吉原さんが担当していたので当然だったかもしれませんが、猪木さんにはマネージャー的な人がいなかったので、興行のことを話されても、チンプンカンプンだったと思いますよ」

鈴木は最終戦の仙台でセミファイナルに出場（メインは猪木とバレンタインのシングル戦、猪木が15分15秒にコブラツイストで勝利）。マツダと組んでケンタッキアンズ（スミス&ブラウン）にストレートで勝っている。

「一番切符を売ったのは吉原さんと私だったから、そのご褒美で、最後はセミに出してくれたんでしょう（笑）。控室で、私がマツダさんとウォームアップをしているときに吉原さんが来て、我々に小声で『次回のシリーズは、猪木の力は借りないで、自分たちだけでやる』とハッキリ言ったのを強烈に覚えていますね」

シリーズが終了したあと、猪木は東京に戻ってマスコミの取材をシャットアウトした。

豊登に続いて、吉原・国際とも袂を分かつ

1月に壮絶な告訴合戦の泥仕合会見（猪木側1回、豊登側4回）やったあと、双方はプッツリと「あらたな告訴発表」をしなくなった。「しない」というよりも、「できない」状態だったのだろう。共に記憶やメモが頼りの（口頭による）暴露を連発したが、証拠書類や物件が揃わなかったため、

1・21神奈川・横須賀市久里浜体育館（第12戦）で猪木は斎藤昌典（マサ斎藤）と組み、バレンタイン&ホッジの強力コンビと対戦。1対2で敗れた

正式な法的告訴に踏み切る状態ではなかったからである。2月17日付けの『スポーツタイムズ』には、「奇々怪々の告訴合戦」という見出しで、早くも和解に向けた動きがスッパ抜かれている。

●

東京プロレス内紛騒動による告訴合戦も、双方とも証拠物件の不備で足踏み状態だ。一向にスッキリしないままに1か月が過ぎてしまった。問題の証拠物件である〝興行による収支帳簿〟は、目下豊登側弁護士の手元に置かれ、豊登が猪木を名誉棄損の誣告罪で訴える唯一のキメ手として保管されているが、未だに弁護士を通じて猪木を訴えていないところをみると、完全な帳簿作成が出来ていなかったとみていい。また、1月8日に淀橋警察に豊登を背任横領で告訴した猪木にいたっては、証拠の帳簿が豊登の手に渡っているた

猪木と斎藤が2人だけのタッグコンビを組むのは1・21横須賀が初めて。国際の旗揚げシリーズ以後、両雄が交わるのは新日本プロレス時代まで待たなければいけない

め、地方のプロモーターをかけずり回って正確な数字を問いただしたが、プロモーター側が協力を拒否したため完全なお手上げ状態になってしまっている。

このように、東プロ内紛はキメ手のないままに行き詰まった状態で、ただ債権者だけが猪木の事務所に支払いの催促電話をかけ続けている。一時は「裁判所で決着をつけよう」と互いに言い争った勢いは、一体どうなってしまったのだろうか。

ところで2月15日、新宿・柏木の事務所でとんだ茶番劇があった。午後零時頃、猪木が北沢、斎藤と弁護士を帯同して事務所に現れた。理由は「帳簿を見せてほしい」ということだったらしいが、豊登不在のため、新間氏と約2時間にわたって会談?した。

猪木は、豊登、新間父子を告訴したことについてこう言う。猪木が「パイオニア・シリーズ」巡業中に、自宅のダイアナ夫人（当時、妊娠していた）に毎晩数回にわたって「女房と子供を殺すぞ」という怪電話がかかり、そのためダイアナ夫人は流産した。怪電話の主については若手幹部が「豊登と新間の二人だ」と決めつけて、「訴えたほうがいい」と勧められたから告訴したまでで、自分の意思ではない。さらに猪木は債権額1200万円について、「自分ひとりに責任があるのは解せない。金を払う意思はあるが、豊登と新間と三人で支払うべきものだ」というもの。

これに対し新間氏は、もし告訴を取り下げるなら債権支払いの件について話し合ってもいい、という条件を出した。これについて猪木は即答を避け、改めて17日に条件についての返答をするということで帰った。

このあたりに、どうも常識では解りかねる内紛のアヤがある。豊登を背任横領で告訴しておきながら、一方では「実は告訴はオレの意思ではなかった。理由は怪電話による女房の流産だった」では、子供の喧嘩より始末が悪い。猪木が無意識のうちに責任を回避していたとも疑われるが、いずれにせよ、法的手段以前の感情的な問題に過ぎなかったことは明らかである。

警察側は、猪木の弁明についてはノー・コメント。もはや東プロ告訴問題については、これ以上関知しないという態度を取っているようだ。肝心の豊登も、猪木に対しての誣告罪については「弁護士に一任してあるから」と多くを語らず、第4団体の構想を練っているというから、まさしく奇々怪々である。豊登の口からはかなり具体的な話もポンポン飛び出しており、後援者は5人、事務所は青山に置く、ということも既に決定しているという。

豊登も「いまさらワシがマットにカムバックする、と言うと笑う人がいるかもしれないが、ワシはやるぞ。いや、やらなければならん状態になってしまったんだ。旗揚げは7月に予定している」そうである。

いずれにせよ、プロレス界だけでなく世間の注目を浴びた東プロ告訴騒動は、とてつもない方向へ走り出してしまったことは間違いないようである。

●

泥沼の告訴合戦は、こうして雲散霧消した。これ以降、告訴合戦に関する記事は全く出てこないが、理由は双方が何もアクションを起こさなかったからだろう。互いに向けられていた憎しみの感情は消えていき、「さて、これからどうしようか？　当座、どうやって食っていこうか？」という現実的な問題に集中せざるを得なくなってきたわけだ。

1・24栃木県営体育館（第15戦）で猪木&マツダはザ・ケンタッキアンズ（ジェイク・スミス&ルーク・ブラウン）とNWA世界タッグ王座の防衛戦

猪木と豊登は決裂し、猪木はマツダ&吉原との関係もジ・エンドとなった。「パイオニア・シリーズ」最終戦（1月31日、宮城県スポーツセンター）で契約を終了したあと、吉原には「豊登が参加しなかったのに、猪木には満額の1700万円を支払った。その結果、数千万の赤字に終わった」という〝恨み節〟だけが残った。猪木からすればどうだったのか？　金額次第では、引き続き国際プロレスへの参戦も可能性はあったのか？

これについては、2010年に発売となったDVDボックス(猪木デビュー50周年記念)の中で、私の問い（吉原サイドとの契約更改可能性）に対し、猪木本人がこのように答えている。

「シリーズの後半で、確か静岡だったか愛知だったと思うが、こんなことがあった。和風の旅館で、タタミの部屋でね。ひと風呂浴び

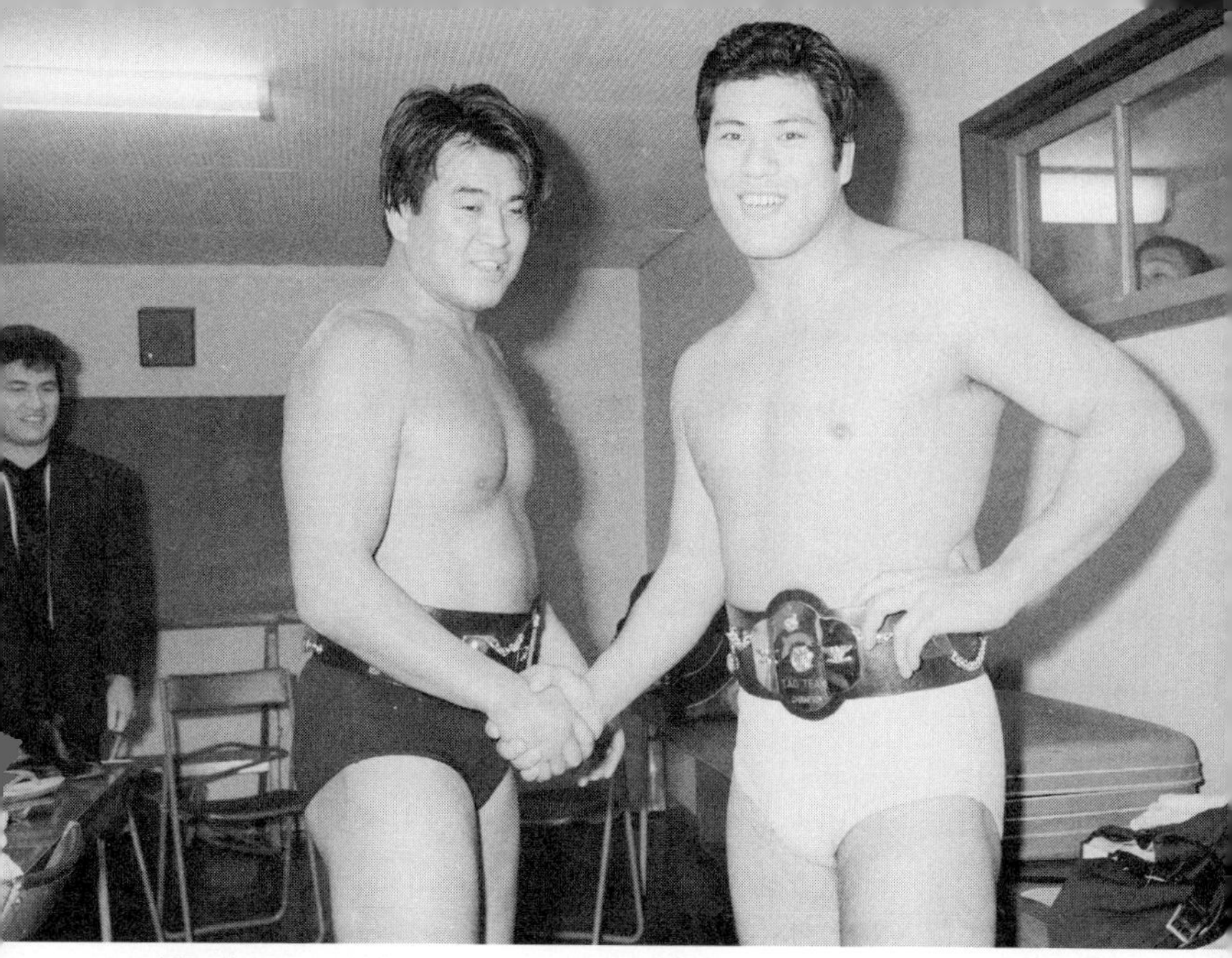

1・6大阪に続いて1・24栃木でケンタッキアンズを連破した猪木&マツダは、国際旗揚げシリーズ通算4度目のNWA世界タッグ王座防衛に成功した。左端は高崎山三吉（北沢幹之）

て部屋に帰ってきたときに、フロントから電話があった。交換の女中さんが『外線です。どうぞお話しください』というから受話器を取ったら、それが吉原さんだった。女中さんは（同じ旅館に泊まっていた）マツダさんに繋いだつもりだったんだが、間違って俺に繋いだか、混線したかどっちかだろう。いずれにせよ、俺が受話器を取ったんだが、吉原さんは受話器の向こうが俺だということに気がつかず、一方的にしゃべり始めた。話を聞いていると、それは俺には聞かせてはいけない、マツダさんと吉原さんだけの秘密の話でね。要するに俺の悪口。俺は聞いているうちに『そりゃねえだろ！』と思って、頭にきて受話器を置いた。受話器の向こうにいたのが俺だったってことは、吉原さんは最後まで気がついていなかった」

私が（失礼ながら）「ウソみたいな話です

ね！」と反応すると、猪木は目をランランと輝かせてニヤリと笑い、「でしょ？　でも、実際にそういうことがあったんです。それで、〝もう国際とは一緒にやっていけないな〟と思った」と答えてくれた。「そりゃねえだろ！」と甲高い声で言った部分は、今でも私の耳に鮮明に残っている。

猪木と吉原が決裂したことについては、マスコミは3月下旬まで一切触れていなかった。猪木も吉原も日々の借金対応で追われており、舞台裏は秘密にしておいたほうがベターだと判断したためだ。特に吉原のほうは、国際をTBSで定期放送する話が（2月から）始まっており、TBS首脳部から「猪木、マツダの二人を揃えることが放送の条件。特に、猪木は絶対に押さえておくこと」的な〝宿題〟を出されていたことが大きい。

批判の声を尻目に日本プロレスへ電撃復帰

『レジャーニュース』（毎週月曜、木曜発売）3月28日付けでは、1面で「戦国時代、早くも終結」の小見出しで、東京プロレス、国際プロレスが興行を打てずに苦しんでいる状態が書かれている。署名原稿ではないが、書き手は日刊スポーツの鈴木庄一氏で（1986年まで1面コラム担当）、文中、初めて「吉原と猪木が決裂したこと」が

1・30横浜文化体育館（第20戦）で猪木は堂々メインに登場。バレンタインにコブラツイストで完勝しUSヘビー級王座防衛を果たした。国際プロレスと猪木&東京プロレスの協力関係は翌31日の国際旗揚げシリーズ最終戦（宮城県スポーツセンター）をもって終了

暴露されている。吉原社長と親しい関係だった鈴木氏は、吉原本人から「もう二度と猪木の協力は頼まない」とのコメントを引き出しており、その原因を「新春シリーズのギャラの件」と書いている。吉原から秘密で聞いた情報をスッパ抜いた形だが、この記事は関係者、特にTBSに影響を及ぼした。国際との提携路線継続シナリオがなくなった猪木は、日本プロレス復帰に向けて水面下の面談を急展開させていく。

1967年4月6日の午後4時、丸の内「パレス・ホテル」701号室で猪木・日本プロレス復帰の記者会見が行われた。この701号室は当時の自民党副総裁・川島正次郎（日本プロレスのコミッショナー）の個人事務所で、狭い事務所の内部には30人を超す報道陣が詰めかけた。

このビッグニュースは夕刊の『東京スポーツ』、『スポーツタイムズ』、『日刊観光』のみならず、全ての朝刊スポーツ新聞も大きく報じたが、最も鋭い意見を載せている4月7日付の報知新聞の解説部分を抜粋してみる（書き手はプロレス担当の須藤記者）。

●

猪木が「第8回ワールドリーグ戦」に参加するための帰国途中、ハワイで豊登と意気投合、新団体設立を計画したのは昨年4月。6月に東京プロレス興業を設立してスタートしたが、実際に試合をしたのは10月の旗揚げ興行と12月の「チャンピオン・シリーズ」だけ。わずか25試合だけだった。いずれも赤字続きで約3000万円の借金を負い倒産。12月末に新たに東京プロレス株式会社（猪木の実兄康郎氏が社長）を設立、ヒロ・マツダの国際プロレスと提携して今年1月に「パイオニア・シリーズ」を行った。しかしこれも、豊登の不参加、猪木と国際間の金銭問題で失敗。東京プロレスは、単独興行が打てない状態が動いていた。

日本プロレスが猪木獲得に動いたのは2月末。大黒柱の馬場に衰えが見えはじめ、代わりのスターを物色していた。最初、白羽の矢が立ったのは明武谷。ところが決まりかけていたところで明武谷の後援者の間で反対が起こり失敗。

2月に柔道界から坂口征二5段を獲得したものの、一線で使えるには時間がかかる悩みがあった。この頃テレビスポンサーの三菱電機から「なんとかしてくれ」との突き上げがあり、一方、国際プロレスがＴＢＳと中継問題で交渉しており、決定寸前まで話が進んでおり、この二つが猪木獲得を急がせた。猪木、マツダのコンビをタテにＴＢＳと交渉していた国際プロレスにとって、猪木が抜けるのは大変な痛手。「中継問題も長引きそう」（吉原社長）な状態だ。

「パイオニア・シリーズ」は営業面では失敗したが、実績作りとしては成功。テレビ中継を前提に採算無視という犠牲を払ってきた国際としては、泣くに泣けない問題だ。

それにしても解せないのは猪木の態度だ。「俺を信じてついてこい」と言いながら、フリーの立場でアメリカに行く斎藤、木村を除いた8人の若手の生活はどうするのだろう。記者会見でも、猪木が「若手もひっくるめての合併」と言ったあと、芳の里が「合併じゃない。猪木単独の参加だ」と慌てて訂正した場面があった。若手には事前に何の相談がなく、この日になって初めて状況を知ったという有様である。猪木には、道義的な責任は残らないだろうか。

●

似たようなトーンで、4月11日付けの日刊スポーツも「許されぬスターの横暴?」の大見出しで猪木を糾弾している。これは、書き手が国際プロレス（特にマツダ）シンパの鈴木庄一氏だっただけに論調が強く、「若手レスラーを捨てて自分だけが生き残ることは、道義に悖る」と書いている。猪木としては即刻「違う」と反駁したかったところだろうが、4月6日の記者会見席上でも「若手引き取り問題」について芳の里との衝突を避けた手前、「時間をかけて解決しよう」という姿勢に終始したのだろう。

翌4月7日、後楽園ホールで日本プロレスの「第9回ワールドリーグ戦」前夜祭が開催された。

日本テレビの生中継があった日で（当時は夜8時スタートと夜10時半スタートが隔週のローテーション）、午後8時の中継開始と同時にマイクを持った九州山と猪木がリングに上がった。九州山が「このたび、アントニオ猪木選手が日本プロレスに復帰いたします。皆様、よろしくお願いいたします」とアナウンスすると場内から大歓声が上がり、猪木への期待度の高さを証明した。そのあとに行われた参加全選手入場式では、ワルドー・フォン・エリックがガウン姿の馬場を襲撃して場外に叩き落とすハプニング。一度は控室に戻っていた猪木が花道をダッシュして救出に現れ、エプロンからジャンプしてワルドーに殴りかかり、颯爽と「テレビ・デビュー」を飾っている。馬場は〝噛ませ犬〟の役をやらされた形だったが、このあたりは前年度優勝者の余裕で「まあ最初だし、完ちゃんに花を持たせてやろう」と思っていたかもしれない。

中一日置いた4月9日、午後7時15分羽田発のカナダ航空機で、猪木はバンクーバーに向かった。モンタナ州ビュッテに帰国させていたダイアナ夫人と文子ちゃんに会うのが主目的だったが、当時のマスコミには「トレーニングが目的」としか書いていない。馬場、芳の里、吉村の他に、旧・東プロの斎藤、北沢、木村、マンモス鈴木、仙台（大剛）、永源の6人も空港に見送りに来ており、「私たちの面倒もよろしく」との気持ちを託していた。

こうして猪木は1年ぶりに古巣・日本プロレスに復帰した。ここから〝若獅子〟猪木の台頭が始まる。

国際の旗揚げシリーズ後、鳴りを潜めていた猪木は4月6日、日本プロレスへの電撃復帰を発表。新たな一歩を踏み出した。写真は4月6日、復帰会見の舞台となった川島正次郎事務所近辺にてポーズをとる猪木

かゆい所に手が届く猪木ヒストリーの決定版！

『猪木戦記』

大好評既刊

プロレス評論家
流 智美・著

猪木の戦い、一挙一動を超マニアックな視点で詳述。
プロレス史研究の第一人者である筆者が
猪木について書き下ろす渾身の書。全4巻

各巻とも定価（本体1,700円＋税）

第1巻 若獅子編

日本プロレスの〝若獅子〟としてスター街道を歩み始めた1967年（昭和42年）から、ジャイアント馬場とのBI砲で大人気を博すもクーデターの首謀者として日プロ追放の憂き目にあった1971年（昭和46年）までを掲載

第2巻　燃える闘魂編

新日本プロレスを旗揚げした１９７２年（昭和47年）から、黎明期の苦難を経て、強豪外国人との激闘、数々の大物日本人対決、異種格闘技戦で人気絶頂を極める１９７６年（昭和51年）までを掲載

第3巻　不滅の闘魂編

ザ・モンスターマンと異種格闘技戦史上に残る死闘を繰り広げた１９７７年（昭和52年）から、80年代の新日本プロレス・ブーム、愛弟子たちとの世代対決を経て、政界進出を果たした１９８９年（平成元年）までを掲載

アントニオ猪木

流 智美（ながれ・ともみ）

1957年11月16日、茨城県水戸市出身。80年、一橋大学経済学部卒。大学在学中にプロレス評論家の草分け、田鶴浜弘に弟子入りし、洋書翻訳の手伝いをしながら世界プロレス史の基本を習得。81年4月からベースボール・マガジン社のプロレス雑誌（『月刊プロレス』、『デラックス・プロレス』、『プロレス・アルバム』）にフリーライターとしてデビュー。以降、定期連載を持ちながらレトロ・プロレス関係のビデオ、DVDボックス監修&ナビゲーター、テレビ解説者、各種トークショー司会などで幅広く活躍。主な著書は『おそろしいほどプロレスがわかる本』（白夜書房）、『鉄人ルー・テーズ自伝』、『流智美のこれでわかったプロレス技』、『やっぱりプロレスが最強である』、『プロレス検定公式テキストブック&問題集』、『新日本プロレス50年物語 第1巻 昭和黄金期』、『猪木戦記』第1巻～第3巻（ベースボール・マガジン社）、『魂のラリアット』（双葉社）、『門外不出・力道山』、『詳説・新日イズム』（集英社）、『東京12チャンネル時代の国際プロレス』、『東京プロレス』（辰巳出版）、『Pro Wrestling History of Japan, Rikidozan years』、『St. Louis Wrestling Program Book』（Crowbar Press）、など。83年7月創刊の『週刊プロレス』には40年後の現在まで毎週欠かさず連載ページを持ち、2024年も「プロレス史あの日、あの時」の連載を継続中。2018年7月、アメリカ・アイオワ州ウォータールーにある全米最大のアマレス&プロレス博物館「National Wrestling Hall of Fame」から招聘され、ライター部門で日本人初の殿堂入りを果たす。2023年3月、アメリカのプロレスラーOB組織「Cauliflower Alley Club」の最優秀ヒストリアン部門賞である「Jim Melby Award」を受賞。

猪木戦記（いのきせんき） **超マニアックな視点でたどるアントニオ猪木物語**

第0巻 立志編（だいかんりっしへん）

2024年2月29日　第1版第1刷発行

著　者　流 智美（ながれ ともみ）

発行人　池田哲雄

発行所　株式会社ベースボール・マガジン社

〒103-8482 東京都中央区日本橋浜町2-61-9　TIE浜町ビル

電話　03-5643-3930（販売部）

03-5643-3885（出版部）

振替口座 00180-6-46620

https://www.bbm-japan.com/

印刷・製本　共同印刷株式会社

ISBN978-4-583-11661-7　C0075